集装箱多式联运服务供应链运营策略研究

东方 著

西北工业大学出版社

西 安

【内容简介】 本书对集装箱多式联运服务供应链管理中的若干关键问题展开了深入研究，针对集装箱多式联运服务供应链运营策略中的关键问题提出了研究方法与解决方案，在内容上力求实现理论研究与实际应用的有效结合。

本书不仅适用于高等院校物流管理专业的学生，而且可以作为管理科学与工程专业学生的参考书，同时也为从事集装箱多式联运服务的物流企业的发展提供了一定的理论指导和实践借鉴。

图书在版编目（CIP）数据

集装箱多式联运服务供应链运营策略研究 / 东方著
. — 西安 : 西北工业大学出版社，2018.6（2025.1 重印）
ISBN 978-7-5612-5988-7

Ⅰ. ①集… Ⅱ. ①东… Ⅲ. ①集装箱运输－多式联运－运营管理－研究 Ⅳ. ①U169.6

中国版本图书馆 CIP 数据核字(2018)第 103522 号

JIZHUANGXIANG DUOSHILIANYUN FUWU GONGYINGLIAN YUNYING CELUE YANJIU
集 装 箱 多 式 联 运 服 务 供 应 链 运 营 策 略 研 究

策划编辑：雷　鹏
责任编辑：马　莹

出版发行：西北工业大学出版社
通信地址：西安市友谊西路 127 号　　　邮编：710072
电　　话：（029）88493844　88491757
网　　址：www.nwpup.com
印 刷 者：三河市天功达印刷有限公司
开　　本：710 mm×960 mm　　　1/16
印　　张：10.5
字　　数：147 千字
版　　次：2018 年 6 月第 1 版　　　2025 年 1 月第 2 次印刷
定　　价：38.00 元

前　　言

供应链运营策略管理是供应链管理的发展趋势，服务供应链管理成为供应链管理的新领域。面对愈加复杂多变的运输服务市场，对于集装箱多式联运服务供应链运营策略的探讨，将对物流企业在全球范围内合理配置和有效利用资源发挥越来越重要的作用。

本书对集装箱多式联运服务供应链管理中的若干关键问题展开深入研究，针对集装箱多式联运服务供应链运营策略中的关键问题提出研究方法与解决方案，力求理论研究与实际应用的有效结合。全书主要内容如下：

(1) 集装箱多式联运的组织形式、主要特点以及发展状况分析。通过对经济环境和物流产业的分析，总结出集装箱多式联运行业的发展现状，根据交通运输业，尤其是集装箱多式联运的发展演化历程，提出应从服务供应链的视角来分析集装箱多式联运的发展趋势与运营策略。

(2) 对承运人选择进行优化是集装箱多式联运服务供应链管理的首要环节。本书详细阐述了集装箱多式联运服务供应链中的承运人组合的选择过程，综合考虑了各种运输方式的费率、装载能力、时间效率、服务质量及其衔接组合等问题，主要从托运人利益最大化的视角进行研究，最终通过设计状态欧氏距离的概念，对最佳多式联运运输服务组合做出选择。

(3) 运输网络的优化策略是集装箱多式联运服务供应链管理的核心技术。本书通过对集装箱多式联运服务的运输成本、运输环节、运输时间、运输工具、运输线路、运输距离等要素的综合权衡，对集装箱多式联运服务网络进行整体优化，并通过建立自然约束模型和组合优化的途径分析出该服务供应链的优化策略。

(4) 运输合作是集装箱多式联运服务供应链运营的基础。作为采用两种或两种以上不同运输方式的集装箱多式联运服务，需要把水路、公路、铁路以及航空等多种运输方式有机地组织衔接为一体，为托运人提供“全程式”和“一票式”运输的物流服务。供应链各成员间的服务合作极为重要，应当最大限度地发掘和利用供应链成员企业各自的优势资源，促使服务供应链整体竞争能力和竞争优势的最大化。

(5) 利润分配是集装箱多式联运服务供应链运营管理的关键内容。本书在考虑集装箱多式联运服务供应链中各成员自身利益最大化的同时，从整体利润最大化角度，探索供应链利润的分配问题，从利益协同的视角，提出服务供应链利润的分配策略。

(6) 风险防范是集装箱多式联运服务供应链运营管理的根本保障。本书针对如何降低和避免服务供应链当中的各方风险问题，分析集装箱多式联运服务供应链的风险预警方法，为供应链成员企业预防损失和控制风险提供帮助。

本书是国家自然科学基金(70972008) 和广西教育厅课题(YB2014105) 、广西民族大学中国-东盟研究中心开放课题(KT201428) 的阶段性成果。全书分别从多式联运服务的提供商、客户、分段承运人以及供应链整体等多个角度出发，阐述集装箱多式联运服务供应链的最佳运营策略,研究集装箱多式联运供应链之间的运费竞争问题及其导致的市场需求和利益协同问题，并分析集装箱多式联运供应链的风险问题。本书不仅适用于高等院校物流管理专业的学生，而且可以作为管理科学与工程专业学生的参考书，同时也为从事集装箱多式联运服务的物流企业的发展提供了一定的理论指导和实践借鉴。

学术研究是永无止境的，本书只能代表一个阶段性的研究成果，希望读者能够对本书内容中的不当之处提出批评指正，在此表示感谢。

东 方

2017 年 12 月于广西南宁

目　录

第 1 章　总　　论

1.1　集装箱多式联运概述

1.1.1 集装箱多式联运的基本概念

“多式联运”一词最早见于 1929 年华沙公约(关于国际航空运输若干规定的统一公约) 。1980 年 5 月，由联合国贸易和发展会议 84 个成员参加的国际多式联运会议在日内瓦召开，并通过了《联合国国际货物多式联运公约》[1]。集装箱多式联运，是以集装箱为媒介，将海、陆、空等各种运输方式有效地结合起来，使用至少两种不同的运输方式对集装箱货物进行运送的一种先进的，现代化的运输方式。集装箱多式联运将不同的运输方式有机地组合在一起，构成连续的、综合性的一体化货物运输，实现了通过一次托运、一次计费、一份单证、一次保险，由各运输区段的承运人共同完成货物的全程运输。

多式联运是根据实际业务需要，将两种以上的运输方式组合成的复合型、一体化的运输方式。多式联运整个过程中的各区段运输分别由各区段的承运人负责，最终共同完成全程运输。全程运输通过一次托运、一张单证、一次保险，一次计费，被作为一个完整的单一运输过程来安排。因此，合理地选择运输方式不仅能提高运输效率，降低运输成本，而且还会对整个物流系统的合理化产生有益的影响。通过联合使用多种运输方式，实现“门到门”的运输目标，这是未来运输经济发展的方向。

构成集装箱多式联运的条件主要有以下几点：

首先，集装箱多式联运必须具有一份多式联运合同。该运输合同是多式联运经营人与托运人之间权利、义务、责任与豁免的合同关系和运输性质的确定，也是区别多式联运与一般货物运输方式的主要依据。[3]

其次，集装箱多式联运必须使用一份全程多式联运单证。该单证应满足不同运输方式的需要，并按单一运费率计收全程运费。

再次，集装箱多式联运必须是由一个多式联运经营人对货物的运输全程负责。该多式联运经营人不仅是订立多式联运合同的当事人，也是多式联运单证的签发人。当然，在多式联运经营人履行多式联运合同所规定的运输责任的同时，可将全部或部分运输委托他人(分承运人) 完成，并订立分运合同。但分运合同的承运人与托运人之间不存在任何合同关系[4]。

最后，集装箱多式联运必须是至少两种不同运输方式的连续运输，具有比较完善的多式联运组织制度。必须拥有网络化的集装箱货运站，以便于货物集散并与海关、商检等检查、检疫机构，以及国内外的联运网点金融机构等建立便捷联系，以便于分承运人完成分段委托运输，同时提供货运信息，签发运输单据，并完成货物交接等工作[5]。

与传统的件杂货散运方式相比，集装箱多式联运具有运输效率高、经济效益好及服务质量优的特点。正因为如此，集装箱多式联运在世界范围内得到了飞速发展，并逐渐成为了世界各国物流服务中的最佳运输组织方式。1980 年 5 月，在日内瓦联合国国际多式联运公约会议上《联合国国际多式联运公约》的产生，使得集装箱多式联运服务更是成为一种非常有影响力的国际运输方式，其运输的安全性和高效性得到了各国托运人的普遍认可。

1.1.2 国内外集装箱多式联运的发展历程

1．国外集装箱多式联运的发展历程

国外集装箱多式联运的产生和发展大致分为四个阶段。

19 世纪被称为集装箱运输的萌芽期(1830－1856) 。首先由英国的安德森

(James Anderson) 博士提出了集装箱运输的设想。1830 年，英国铁路首先出现了一种装煤的容器，也出现了在铁路上使用容器装运件杂货的情况。1853 年，美国铁路也采用了“容器装运法”，之后英国铁路又出现了载货车厢。一直到 19 世纪下半叶，英国兰开夏使用的“兰开夏托盘”被看作是最早使用的集装箱雏型。1880 年，美国正式试制了第一艘内河用的集装箱船。20 世纪初期，由于世界经济的发展，西方国家陆上运输量迅速增长，铁路运输得到了较快的发展。英、美、德、法、日、意相继出现了铁路集装箱运输。为了推进集装箱在国际上的流通，1933 年，在巴黎成立了国际集装箱协会，负责制定统一的集装箱标准，极大地提高了集装箱作为共同运输单元在海、陆、空运输中的通用性和互换性，以及集装箱运输的安全性和经济性，促进了国际集装箱多式联运的发展。

第二个时期是开创期，也是试验运行期(1956－1966) 。二战结束后，经济发展使得对集装箱运输的需求量开始增大。但是当时各国社会生产力还较落后，没有充足而稳定的适箱货源，致使集装箱运输的优越性不能很好发挥，影响了集装箱运输的大规模开展。1955 年，美国人马尔科姆·麦克莱恩(Malcom Mclean) 首先提出了集装箱运输必须实现海陆联运的观点。为了便于海陆联运，他主张陆运和海运由一个公司控制和管理。他还提出建造码头货运场站的设想：让卡车沿着斜道开上专门设计的轮船，并卸下拖车；轮船可以运载拖车至纽约等港口；船只到港后，用其他卡车车头接走。这样的“海陆联运”可以真正实现现代意义上的集装箱运输，也使集装箱多式联运的优势展现出来。1956 年 4 月，美国泛大西洋船公司改装了一艘 T-2 型油船“马科斯顿号”，在甲板上装载了 58 个大型集装箱，并开始试运行纽约至休斯顿航线。3 个月的试运行取得了巨大的经济效果，显示了集装箱运输的巨大优越性。1957 年 10 月，该公司又将 6 艘 C-2 型件杂货船改装成了带有箱格的全集装箱船。该船设有集装箱装卸桥，载重 90 000 吨，可装载 35 尺集装箱 226 只，箱总重 25 吨，航行于纽约到休斯顿的航线。这标志着海上集装箱运输方式正的式开始。

第三个时期为正式运行以及发展时期(1966 年－80 年代末) 。1966 年 4 月，海陆运输公司(原美国泛大西洋船公司）以经过改装的全集装箱船开辟了纽约至欧洲的集装箱运输航线。1967 年 9 月，马托松船公司将“夏威夷殖民者”全集装箱船投入到日本至北美太平洋沿岸航线。一年后，日本有 6 家船公司在日本至加利福尼亚之间开展集装箱运输。紧接着，日本和欧洲各国的船运公司先后在日本、欧洲、美国和澳大利亚等地区开展了集装箱运输。随着海上集装箱运输的发展，世界各国普遍建设了集装箱专用码头。20 世纪七八十年代，是计算机技术迅速发展的时代，技术进步和“门到门”的运输目标导向推动着国际多式联运向系统化方向发展，并开始构筑系统运输和联运系统，这也为集装箱运输成熟期的到来做好了准备。

现代成熟期(80 年代末至今）。在这个时期，船舶运力、港口吞吐能力和内陆集疏运能力三者之间的衔接更加紧密，配套建设日趋完善，与集装箱运输有关的硬件和软件技术有了很大进步，集装箱运输多式联运获得迅速发展，发达国家之间的集装箱运输已基本实现了多式联运，发展中国家多式联运的增长势头也十分可观。目前，集装箱运输已遍及全球，发达国家间杂货运输的集装箱化程度已达 80%以上。20 世纪 90 年代，集装箱运输市场竞争日趋激烈，各船公司为了求生存、求发展，纷纷组建联营体和“环球联盟”。经过数年的竞争，1993 年世界 20 家最大“全球承运人”到 1996 年仅剩下 13 家。

2. 国内集装箱多式联运的发展历程

我国集装箱多式联运虽然起步较晚，但发展迅速，其发展历程可概括如下。

起步阶段(1955－1978）。我国集装箱运输是从 20 世纪 50 年代开始起步的。1955 年 4 月，铁路部门开始办理国内小型集装箱运输。水运部门在 1956 年、1960 年和 1972 年 3 次借用铁路集装箱进行了短期试运。1973 年，我国开辟了海上国际集装箱运输，天津港接卸了第一个国际集装箱。同年 9 月，开辟了用杂货船捎运小型集装箱的上海至横滨、大阪、神户航线。

发展阶段(1978 年至今）。历经了 70 年代的起步，80 年代的稳定发展，到 90 年代，我国拥有了一支现代化的集装箱船队，建成了一批集装箱专用深水泊位。

至此，中国国际集装箱运输引起全世界航运界的热切关注。2011 年，我国第一列集装箱编组的国际货运班列从重庆首发，线路开行至今运行良好。我国已铺划西、中、东 3 条陆路集装箱运输通道。至 2017 年 5 月，依托新亚欧大陆桥和西伯利亚大陆桥，我国铁路已有中欧班列运行线 51 条，国内开行城市达到 28 个，可到达欧洲 11 个国家的 29 个城市。目前，我国集装箱运输航线已遍及全球网络，船舶运力、港口吞吐能力和内陆集疏运能力三个要素之间衔接和配套日趋完善，集装箱运输多式联运发展迅速。

1.1.3 我国集装箱多式联运的发展现状

改革开放 40 年来，我国集装箱多式联运已经取得了辉煌的业绩。从 2003 年开始，我国港口集装箱装卸效率不断刷新和突破世界纪录，到 2007 年，我国港口集装箱吞吐量突破亿箱，达到 1.127 亿标准箱，在全球 20 大集装箱港口排名(2007)中，我国有 8 个港口，其中我国大陆占了 6 个，分别是上海、深圳、青岛、宁波舟山、广州、天津。上海港集装箱吞吐量首次超过我国香港地区成为世界第二。目前，我国的港口集装箱装卸效率也一直保持着世界领先水平，特别是 2007 年上海洋山自动化码头建成运营以来，通过远程操控、智能调度大大提高了码头海运集装箱操作的效率，港口实现了集装箱装卸的自动化，并可 24 小时作业。我国已逐步建立起适应市场需要的集装箱运输经营框架，运量稳步上升，收入快速增长，企业整体实力和综合素质得到较大提升。集装箱铁路运输在多式联运和现代物流中的作用也越来越重要，集装箱运量实现了大幅增长。2007 年，我国铁路完成发送箱 360 万个，同比增长 13.8%，完成发送货物 7 116 万吨，同比增长 10.3%。公路运输作为干线运输的末端服务，具有“门到门”运输的优势，公路集装箱的运量也随着海运和铁路集装箱运量的增加而大幅增加，尤其是新欧亚大陆桥的建成，以及重要国际口岸阿拉山口专办站扩能改造的完成，使得我国面向国际的公路运输能力和换装能力快速发展。我国的航空集装箱运输起步最晚。由于国际上对空运集装箱的安全性能有着比较严格的要求，国内迄今为止也仅有两家公司获得美国联邦航空局的 ISO 设计批准，因此我国航空集装箱的发展还有很大的提升空间。

尽管我国集装箱多式联运有了较大的发展，但集装箱多式联运服务中还存在以下几个方面的问题。

(1) 集装箱多式联运服务系统不完善。

集装箱多式联运服务交易机制不健全，交易方式(货运代理市场) 不规范，交易成本居高不下，服务质量和组织能力远远不能满足货主的需求和经济快速发展的要求，无法有效地实现集装箱运输的规模经济和范围经济效益。

虽然我国交通基础设施已得到相当迅速的发展，然而从总体上看，我国交通运输设施的技术装备水平仍然偏低，对国民经济的支撑度仍比较薄弱，特别是后备能力不足，不能适应运输需求大幅度增长的需求。比如，我国水运内河航道基本处于自然状态，高等级深水航道比重小，目前能通过 300 吨级以上船舶的航道里程仅占 12.3%，除部分港口新建的专业化泊位外，大部分内河港口的装卸设备落后、工艺效率低下；还有一些海港通航航道水深不足，阻碍了码头泊位能力的发挥，不能适应集装箱船舶大型化发展的需要。目前，我国民航主要空港的客货运输设施不足，空管通信导航技术设备相对落后。我国铁路网密度分别是美国的 1/3、日本的 1/5、俄罗斯的 1/3。而且我国铁路复线率和电气化程度仍然较低，货运列车运输速度慢，缺少集装箱、冷藏箱等现代化运输手段，货运重载、运营管理自动化等方面尚处于起步阶段。公路的总体技术等级偏低，混合交通现象严重，通行能力较差，抗灾能力薄弱。我国大部分港口的集疏运能力薄弱。不少港口不同程度只靠 1 种或 2 种集疏运方式，有的后方集疏运能力不配套，不能适应前方装卸能力的要求。据统计，目前全国铁路 400 多个区段中，约有 1/3 超负荷，主要干线只能满足需要的 50%～70%，港口后方公路的运力也严重不足，因此压港、压货、压船常常发生，致使货物运输严重滞后。

20 世纪 80 年代后期，我国政府把发展交通运输放在突出位置，对交通基础设施投入了大量资金，并制定了“三主一支持”(即公路主骨架、水运主通道、港站主枢纽和支持保障系统)的长远发展规划。但与国外较为成熟的多式联运系统相比，我国的多式联运系统的协调能力还很不够，在“联”的方面还很欠缺。我国目前大量箱流是通过海公联运的方式进行的，也有部分海空联运，但很多地点还没有形成统一的多式联运经营人网络，缺乏配合，联运体系不完善，直接影响了多式联运的效率。另外，各种运输方式还存在信息资源不能共享，经营管理水平较低的问题，不利于降低运输成本，阻碍了集装箱多式联运整体的向前发展。

(2) 传统运输采购不能满足现代化的运营要求。

传统的集装箱运输服务采购往往是由采购部门根据集装箱货物量和市场上的商务关系确定由哪个多式联运承运人对其提供运输服务，这样直接导致服务采购价格过高、运输效率过低等问题，不能满足现代生产制造企业的集装箱物流要求。究其原因，主要有以下几个方面：

第一，信息不能共享。由于企业组织之间信息不透明，采购信息没有实现有效共享。这主要体现在货主企业与承运人之间、货主企业采购部门与相关部门之间、管理者与实施者之间的信息不对称，使得在集装箱运输服务的采购活动中可能会出现“逆向选择”“道德风险”以及“暗箱操作”等问题。

第二，采供双方未建立稳定的合作关系。这是由传统采购模式造成的。传统采购模式大都是按照临时的或短期的合作机制进行运输采购，这就造成了运输供应链中的竞争多于合作，增加了运输采购过程的不确定性，运输服务质量难以保证。

第三，缺乏对承运人的评价和管理。货主企业缺乏以经济效益为目的的动态管理，不能对承运人进行选择、考核、评比和不断优化的动态管理过程。承运人评价管理体系的存在与否对于货主企业的影响是很大的，有效的承运人评价管理体系能够帮助企业与承运人之间建立起良好的合作关系，而缺乏这种有效管理则使得企业购买的运输服务质量难以保证。

第四，无法跟踪采购情况。由于信息化程度低，部分企业的运输采购活动只能通过电话、传真等传统联系方式进行，致使采购订单确认和跟踪等信息传递效率低下，影响到多式联运服务整体的效率。

第五，缺乏有效的机制控制。采购的授权、签发、批准、执行、管理和决策分工不明确，权力、责任交叉，各自为政，没有建立起一套完善的运输采购机制。

(3) 物流信息系统的不完善。

随着信息技术的进步，无纸化的贸易形式也在不断发展。EDI(电子数据交换)系统的建立和完善将成为开展国际集装箱多式联运不可缺少的基础条件，它可以大量节省多式联运在单据制作过程中的人力、物力及时间，并保证其准确性，具有快速、准确、安全、简便等特点。20 世纪 90 年代，我国开始运用 EDI 系统进行航运操作，但仅限于上海、青岛、天津和广州等地，总体发展比较缓慢。从 1993 年起，交通部在上海、青岛、天津、宁波和中远集团(四线一点) 之间开展了 EDI 系统的运作和示范工程，这标志着我国集装箱运输信息将从纸面传递开始向电子数据传输转换。但是，我国的 EDI 系统还处于发展的初级阶段，尚未形成多式联运各方(如海关、检验检疫等) 联网的统一信息网络，与发达国家相比还有一定差距。

(3) 铁路运输是薄弱环节。

1) 运输服务质量不高。

2) 我国铁路运输实行内部封闭管理，独家经营，服务意识不强，市场观念淡薄。

3) 铁路集装箱运输价格不合理。铁路运费的构成和计算比较复杂。集装箱运输需缴纳“自备箱管理费”以及装卸费、堆场费、搬移费、装拆费等各种费用，总的运价水平高于件杂货运输。

4) 建设周期长，占用工地多。一条干线要建设 5～10 年，产生了比较大的土地和人口压力。

1.1.4 集装箱多式联运的优越性

1. 责任统一，手续简便

无论由几种运输方式构成，经过多少次的转换，所有运输事项均由多式联运经营人负责办理。货主只需要办理一次托运，签订一份合同，办理一次保险，多段运输与多项结算的手续得到了极大的简化[6]。

2. 集装箱多式联运可以实现“门到门”的运输

集装箱多式联运可以将货物从供应商直接送到客户手中。

3. 缩短货运时间，提高运输质量

全程运输由专业人员组织，可做到各环节之间、各种运输工具之间紧凑衔接、及时中转、减少停留，从而使得货物的运输速度大大加快，保证集装箱货物安全、迅速、准确、及时地运达目的地。

4. 降低货损货差事故

集装箱多式联运系统以集装箱为运输单元进行直达运输，尽管货运途中需要多次转换，但由于使用专业机械进行装卸，装卸对象为集装箱且不接触箱内货物，因而货损货差事故大为减少，在很大程度上提高了货物的运输质量。

5. 节省运输货物的包装费

由于货物是装于集装箱内进行运输的，因此可相应地简化货物的包装，节省货物的包装费用，减少理货、保险等费用的支出。

6. 提高资金的周转率

一般情况下，集装箱采用多式联运时，货主将货物交给第一承运人后即可取得运输单证，并可据此结算货款。货款结算时间较普通运输有所提前，在一定程度上提高了资金的周转率。

7. 节省货物的保险费

货物是装在集装箱里运输的，集装箱对货物有保护作用，所以在选择货物运输

保险时，可以选择保费较低的项目进行投保，这样可以减少为货物购买的保险支出。

8. 降低运输的成本

集装箱多式联运承运人凭借在多种业务运输方式中的专业技能，可为货主尽可能选择相对便宜的运输方式，运输成本得以大大降低。

1.1.5 集装箱多式联运的组织形式

国际多式联运是采用两种或两种以上不同运输方式进行联运的运输组织形式。各种运输方式均有自身的优点与不足：水路运输具有运量大、成本低的优点；公路运输则具有机动灵活，便于实现货物“门到门”运输的特点；铁路运输的主要优点是不受气运候影响，可深入内陆实现货物长距离的准时运输；而航空运输的主要优点是可实现货物的快速运输。由于国际多式联运严格规定必须采用两种或两种以上的运输方式进行联运，因此可以综合利用各种运输方式的优点，充分体现社会化大生产、大交通的特点[7]。

由于国际多式联运具有其他运输组织形式无可比拟的优越性，因而这种国际运输新技术已经在世界各主要国家和地区得到广泛的推广和应用。目前，有代表性的国际多式联运主要有远东/欧洲、远东/北美等地区的海陆空联运，其组织形式如下。

1. 陆海联运

陆海联运是国际多式联运的主要组织形式，即把陆上(铁路) 运输同海上(船舶) 运输组合起来，共同完成某项货物运输的运输方式，也是远东/欧洲多式联运的主要组织形式之一。陆海联运主要分为海铁联运和公海联运。目前组织和经营远东/欧洲陆海联运业务的主要有班轮公会的三联集团、北荷、冠航和丹麦的马士基等国际航运公司，以及非班轮公会的中国远洋海运集团有限公司、中国台湾长荣航运公司和德国那亚航运公司等。这种联运形式以航运公司为主体，签发联运提单，与航线两端的内陆运输部门开展联运业务，与大陆桥运输展开竞争。

2．陆桥运输

在国际多式联运中，陆桥运输(Land Bridge Service) 起着非常重要的作用。它是远东/欧洲国际多式联运的主要形式。所谓陆桥运输是指采用集装箱专用列车或卡车，把横贯大陆的铁路或公路作为中间“桥梁”，将大陆两端的集装箱海运航线与专用列车或卡车连接起来的一种连贯运输方式。严格地讲，陆桥运输也是一种海陆联运形式。只是因为其在国际多式联运中的独特地位，故在此将其单独作为一种运输组织形式。目前，远东/欧洲的陆桥运输线路有西伯利亚大陆桥和北美大陆桥。

3．海空联运

海空联运又被称为空桥运输(Air-bridge Service) 。在运输组织方式上，空桥运输与陆桥运输有所不同：陆桥运输在整个货运过程中使用的是同一个集装箱，不用换装，而空桥运输的货物通常要在航空港换入航空集装箱。不过，两者的目标是一致的，即以低费率提供快捷、可靠的运输服务。目前，国际海空联运航线主要有以下三条：

(1) 远东一欧洲线：远东与欧洲之间的航线有的以温哥华、西雅图、洛杉矶为中转地，有的以香港、曼谷、海参崴为中转地，还有的以旧金山、新加坡为中转地；

(2) 远东一中南美线：近年来，由于此处港口和内陆的运输不稳定，所以对海空运输的需求很大，海空联运发展较快。该联运线以迈阿密、洛杉矶、温哥华为中转地；

(3) 远东一中近东、非洲、澳洲：这是以香港、曼谷为中转地，至中近东、非洲的运输服务。在特殊情况下，还有经马赛至非洲、经曼谷至印度、经香港至澳洲等联运线，但这些线路的总体货运量较小。海空联运组织形式是以海运为主，只是最终交货的运输区段由空运承担。

4．陆空联运

陆空联运是火车、飞机和卡车的联合运输方式，简称 TAT(Train- Air- Truck)，火车、飞机的联合运输方式，简称 TA(Train- Air)。通过运用这几种复合一贯制运输的方式，可以真正地实现“门到门”的运输服务模式，从而能够更好地适应现代物流对及时性和准确性的要求。我国空运出口货物通常采用陆空联运方式。这是因为，我国幅员辽阔，而国际航空港口岸主要集中在北京、上海、广州等地。虽然省会城市和一些主要城市每天都有班机飞往上海、北京、广州，但班机所带货量有限，费用比较高。如果采用国内包机，则费用更高。因此在货量较大的情况下，往往采用陆运至航空口岸，再与国际航班衔接。由于汽车具有机动灵活的特点，在运送时间上更容易掌握主动，因此一般都采用“TAT”方式组织出运。

1.2 服务供应链概述

1.2.1 服务供应链的基本概念

目前国内外已经对制造业的供应链进行了深入研究，但是尚未广泛开展对服务供应链的研究工作。服务供应链与制造业供应链有相似之处，是一种新的企业组织形态和经营方式。但是服务供应链与制造业供应链的组成要素不同，主导供应链的核心企业以及其他的供应链成员都是提供服务(无形产品) 的企业，即功能服务提供商。因此，服务供应链是指以服务型企业为核心，整合上下游资源，构成的以提供服务功能为主要模式的供应链。

服务供应链的是服务型经济的蓬勃发展的重要因素之一，作为一种新型的商业模式，服务供应链可以帮助企业在达到较高服务水平的基础上降低运作成本，实现提高利润的目的。对服务供应链进行优化管理，降低、避免供应链当中的各方风险，可以有效地提高供应链上各个企业在资源、成本、技能等方面的竞争优势。

近年来，许多制造企业逐步把产品的涵义从单纯的有形产品扩展到基于产品的增值服务，这种趋势称为产品服务化。许多公司也都在积极实施产品服务化，如通用电气的能源管理服务，壳牌石油的化学品管理服务，施乐公司的文件处理服务，IBM、惠普的信息服务，伊莱克斯的一体化电气解决方案等[7]。

对于某些公司而言，增加核心竞争力的一个重要来源就是服务外包。许多跨国公司，如 GE、HP、IBM 等已经擅长于使用全球劳动力资源，把相关服务业务外包给其他公司以获得技术支持、客户服务支持和产品设计支持。不断增长的服务外包业务，为服务供应链的形成和发展奠定了坚实的基础。

典型的服务供应链结构有三个节点：功能性服务提供商、服务集成商、客户(图 1.1) 。而在大多数的服务供应链中，服务集成商是服务供应链中的核心企业，同时也承担了更多的风险，见表 1.1。

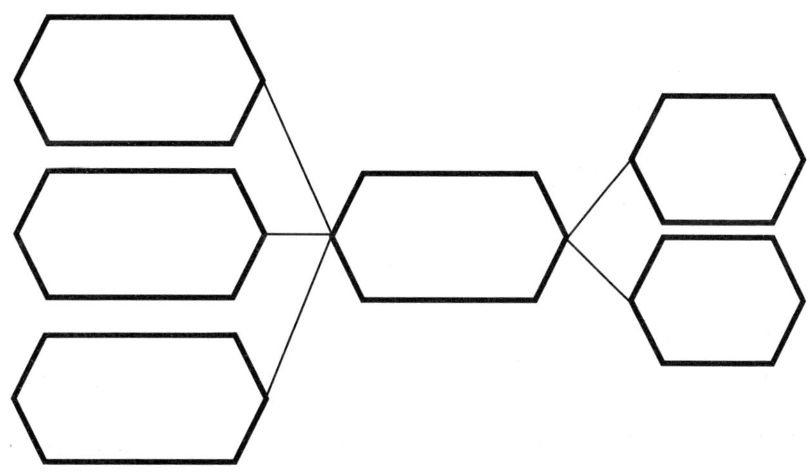

图 1.1　服务供应链结构图(以三级供应链为例)

表 1.1　服务供应链的各级节点

主体	功能性服务提供商	服务集成商	客户
目的	提供主要服务内容	接受客户订单，随时随地做好服务准备	获得高效优质服务

1.2.2 服务供应链的主要领域

1．物业服务供应链

物业服务供应链是物业服务集成商在获得业主委托代理权的基础上，通过合同契约等形式，与专业服务供应商建立稳定的交易关系而构建的相对稳定的链条框架。服务供应链通过发挥资源的整合效应及各企业间的沟通和密切配合，向业主传递所需的高满意度的服务，依托规模效应和专业分工的优势提高物业服务竞争力，从而实现核心竞争力的稳固和培育，经济效益的稳步提升以及良好的发展前景。

物业服务集成商是物业服务供应链的主导企业，是供应链的调控中心和供应链信息集合与分散的枢纽，在供应链的构建、运行和管理、维护等方面处于核心位置。物业服务集成商与业主之间是委托代理关系，与专业服务供应商之间是交易关系[8]。

2．旅游服务供应链

旅游服务指旅游产品使用以及旅游产品生产供给的过程。旅游服务供应链是以资源最优配置、增进福利、实现与服务提供商(如景点、酒店、商城、旅行社等)和游客的“多赢”为目标，具有旅游产品的开发、生产、组合、销售、使用等环节，由各个旅游景点、旅游企业、旅游服务集成方及旅游者构成的网链结构。旅游服务供应链与产品供应链的差异主要在于产品的性质不同。旅游服务供应链所生产的产品大多为服务类无实体体验产品，这也决定了旅游服务供应链的服务供给方类型的多样化，而且服务要素之间的连接更需要注重数量与质量的协调。这种无实体性也使得旅游服务供应链中的产品流、信息流比一般产品供应链中的产品流、信息流更为复杂和难以把握[9]。

3．物流服务供应链

物流服务供应链是指以客户需求为基础，以物流合作为纽带，以现代信息技术为平台，将物流服务提供商作为核心企业所形成的一种分工协作、资源整合、收益共享、风险共担的现代化物流服务运作与组织模式。物流服务供应链是以物流服务提供商为主导，提供完整物流服务的供应链，采用物流服务提供商的供应商→物流服务提供商→制造、零售企业或顾客模式。其中物流服务提供商的供应商是指物流需求企业。

在物流服务供应链中，通过将多个物流供给主体有机整合，物流服务提供商可以向客户提供更为系统、复杂、深入、全面的物流服务，即除了基本的运作服务之外，还可以提供包括信息管理、业务咨询、方案设计在内的一体化综合物流服务。物流服务提供商还可以根据客户的需要和特点提供个性化定制服务，包括相关的系统化增值服务，甚至是战略性的物流管理服务[10]。

1.2.3 服务供应链的特点

由于服务行业所提供产品的特殊性，使得以提供服务行为为主要活动的服务供应链与一般供应链在组织上存在着很明显的不同。

1. 供应链成员的构成不同

传统供应链一般是由供应商、制造商、分销商和消费者等构成。而集装箱多式联运服务供应链则由多式联运承运人(主供应商) 、船舶运输商、陆上运输企业、航空公司、码头、仓储部门、货主及其代理等构成等。

2. 供应链中创造价值的方式不同

传统的企业供应链主要通过劳动生产和加工等方式创造价值，而集装箱多式联运服务供应链中的各主体并不参与产品的生产与加工，其价值一般是通过提供运输和仓储等物流服务来产生。

3. 供应链上各成员的目标不同

在传统制造性企业供应链中，供应商、生产商和分销商的都希望减少库存、节约成本。而在集装箱多式联运服务供应链中，不同供应商各自有不同的目标：

船舶运输商为了减少花费和提高效率，希望以最少的时间在码头停留；港口的目标是港口资源利用最大化，在仓储和装卸搬运过程中尽可能地减少货物的损坏率和丢失率；货主的目标是寻求合适的多式联运承运人，将其货物安全送达并且运输成本较低；而多式联运承运人的目标是将货主的集装箱安排和分配成为各个实际路段的承运工作，并快速完成货物运输工作，保证货物全程运输的安全和物流服务的质量。

4. 供应链管理的动力不同

在传统制造性企业的供应链中，企业会在减少生产成本和加强企业核心竞争力方面努力，更趋于与供应链的各环节加强合作与整合资源。而在集装箱多式联运服务供应链中，其动力一般是源自于多式联运承运人。由于实际承运人(船舶运输商等) 和仓储部门(港口等) 的客户很多，因此他们更在意的是整体运输计划或者仓储管理的优化设计，而不仅仅注意某条供应链的最优。

1.3 集装箱多式联运服务供应链概述

1.3.1 集装箱多式联运服务供应链的基本概念

在集装箱多式联运服务供应链中，主导供应链的核心企业以及其他的供应链成员都是提供集装箱多式联运服务的运输企业，即运输服务提供商(Transportation Service Provider，TSP) 。从广义上来讲，集装箱多式联运服务供应链就是以集装箱多式联运企业(多式联运经营人) 为核心成员，将各类相关物流服务提供商(包括仓储、装卸、报关、运输、流通加工、配套服务、配送、金融、保险、贸易、商业信息服务等企业) 、货主及货运代理商、船东及船舶代理商等，以及相关政府监管机构(包括港口管理、海关、海事、检验检疫、边防公安等口岸机关) 有效地整合成一体，以提供“一站式”集装箱物流服务，将正确的集装箱货物，按照正确的数量，在正确的时间配送到正确的地点，实现系统成本最小化的现代物流服务[11]。

简单地说，集装箱多式联运服务供应链，是围绕提供集装箱运输服务的集成商，在利用现代信息技术的基础上，对链上的能力流、信息流、资金流、物流等进行控制，从而实现用户价值与服务价值增值的集装箱运输服务提供商的组织形式。其中，集成商是指多式联运货运代理商。他们利用其信息技术的资源优势，发挥服务供应链集成的功能，与功能型物流服务提供商结成合作伙伴关系，对客户的需求进行快速响应。集装箱多式联运服务供应链中的功能型服务提供商可以是航空运输公司、铁路运输公司、水路运输公司、公路运输公司等。自从出现集装箱多式联运，如何提高服务供应链各环节间的合作效率的问题也就随之产生了。伴随着现代运输技术的不断进步，各种运输方式的运输效率和能力提高很快，集装箱多式联运综合了各种运输方式的优点，成为实现货物连贯运输和“门到门”便捷服务的最重要运输模式。

1.3.2 集装箱多式联运服务供应链的特点

作为一种运输组织的高级形式，集装箱多式联运服务结合了各种运输方式的优点，能够达到“1+1>2”的运输效益，其运输效益的优越性具体体现在以下四个方面。

1. 手续简单化

集装箱货物在全程运输中无论有多少个运输环节和多少种运输方式，都只需办理一次手续(即一次申报、一次查验、一次放行) 就可完成整个运输过程，并由多式联运经营人对运输全程负责。

2. 中间环节少

货物按照集装箱多式联运的方式和要求进行运输时，所需的交接地点和中间运输环节相对较少，因此能够缩短货物运输时间，提高货运质量。尤其是在“门到门”运输中，货物在发货工厂或仓库中装上运输工具后，可直接送至收货工厂或仓库，既安全又省时。

3．运输成本低

集装箱多式联运承运人提供的多式联运服务是在聚集了大量货源订单的基础上进行的，因此在选择中间运输方式时具有一定的规模经济和范围经济优势，在一定程度上能够为托运人节省运输成本和管理费用。另一方面，集装箱多式联运能够缩短结汇收汇时间。托运人在将集装箱交给多式联运承运人后即可取得运输单据，并据此向银行交单收汇，这样有利于加速资金周转，减少利息支出，降低总的物流成本。

4．运输过程灵活

集装箱多式联运方式的实施，打破了过去海、铁、公、空等多种运输方式“各管一段”的传统做法，实现了多种运输方式相互配合的联合运输模式和“门到门”的运输服务方式，整个运输过程由多式联运经营人统筹安排，提高了运输的灵活性和经济性。

可见，集装箱多式联运方式具有“安全、迅速、简便、价廉”的特点，有利于提高集装箱货物的运输质量和运输效率。妥当安排好集装箱多式联运运输服务，能够解决规模化运输与零散托运之间的矛盾，减少运输环节，较好地完成货物的连贯运输。

1.3.3 集装箱多式联运运输服务供应链的参与者

集装箱多式联运运输服务采购行为中有三类参与者，即集装箱托运人、多式联运经营人(提供多式联运经营人服务的货运代理人) 和区段运输承运人。

1．集装箱托运人

按照《中华人民共和国海商法》第四十二条第(三) 项，托运人是指：本人或者委托他人以本人名义或者委托他人为本人与承运人订立海上货物运输合同的人；本人或者委托他人以本人名义或者委托他人为本人将货物交给与海上货物运输合同有关的承运人的人。多式联运合同中的托运人可以是实际交付货物的人(发货人或得到其委托的货运代理)、持有提单的实际托运人(发货人或收货人)。

2. 多式联运经营人

多式联运经营人是指使用两种或两种以上的不同种类的运输工具将货物从一地运至另一指定交付货物的地点，并与他人签订相关合同且负有履行合同责任的人。1980年《联合国国际货物多式联运公约》对“多式联运经营人”定义为“本人或通过其代表订立多式联运合同的任何人，他是事主，而不是发货人的代理人或代表，也不是参加多式联运的承运人的代理人或代表，并且负有履行合同的责任”。多式联运的全程运输是由不同的承运人使用不同的运输方式共同完成的，运输过程中任何一运输区段发生损害时，多式联运经营人应首先承担责任。多式联运经营人在具体形式上可以是实际承运人(承担全程或部分运输业务)，也可以是无船承运人(将全程运输交由各段实际承运人来履行)。

国际货运代理协会联合会(FIATA)的有关文件将货运代理人定义为“根据客户的指示，并为客户的利益而揽取货物运输的人，其本身不是承运人。”货运代理人的主要工作是接受委托方的委托，就有关货物的运输、转运、仓储、装卸等事宜与货物托运人订立运输合同，同时与运输部门签订合同。货运代理人处于托运人与实际承运人(或区段承运人)之间，但对货物托运人来说，他就是货物的承运人。目前，相当一部分的货运代理人掌握着各种运输工具和储存货物的库场，在经营代理业务的同时也办理包括海陆空在内的货物运输。在实际情况中，一些大的物流公司在其多式联运过程中既充当货运代理人的角色，又充当多式联运经营人的角色。

但就货运代理人本身而言，则可以不必去研究货运代理人与托运人之间的服务采购关系，这主要是因为他们之间的关系更倾向于委托代理关系，而非运输服务供需关系。

3. 区段运输承运人

1997 年交通部/铁道部颁发的《国际集装箱多式联运管理规则》中对“区段运输承运人”的定义是“指与多式联运经营人签订区段运输合同，完成此项多式联运中的某区段运输的人，无论他是否与多式联运经营人为同一人”。多式联运的区段运输承运人是采购行为中具体运输服务的真正供给者，在形式上可以是公路承运人、铁路承运人、航空承运人、海洋(内河) 承运人，也可以是无船承运人(将实际区段运输委托给有船承运人来履行运输行为) 。

在工厂交货等贸易环境下，集装箱货主为了从外部资源市场中获得原材料、零部件、半成品或将其制造产品销售到外部市场，会选择具有“一站式”服务的多式联运经营人完成其货物的连贯运输。上述三类参与者在具体的集装箱多式联运运输服务采购行为中要么是运输服务的需求方(即托运人) ，要么则是运输服务的供给方(即承运人) 。

各参与方之间的供需采购关系图如图 1.2 所示。

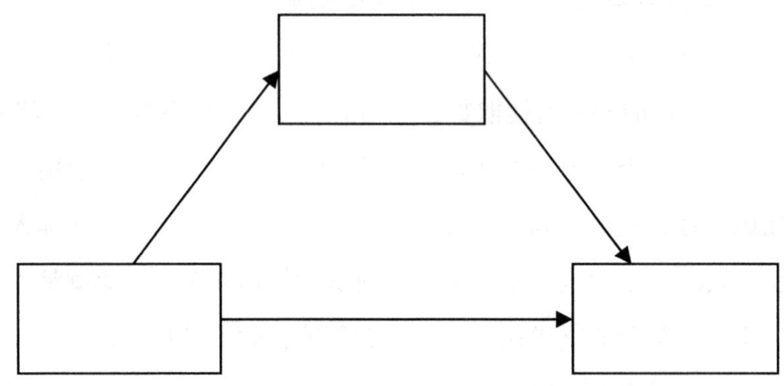

图 1.2 集装箱多式联运服务供应链中的参与者

多式联运经营人一般情况下是一些大型物流企业或航运集团，但也有可能是大型货主企业内部的物流部门，承担着将集装箱货物以多种运输方式运输到指定地点的责任。多式联运经营人负责对具体的分段运输服务进行选择或整合，选择最佳的区段承运人部分或全部完成该集装箱货物的多式联运工作，在形式上可以是承担某段运输任务的实际承运人，也可以是无船承运人。

1.3.4 集装箱多式联运服务供应链的合作模式

根据不同的原则，对多式联运可以有多种分类形式。但就其组织方式和体制来说，基本上可分为协作式多式联运和衔接式多式联运两大类。

1．协作式多式联运

协作式多式联运是指两种或两种以上运输方式的运输企业，按照统一的规章或商定的协议，共同将货物从接管货物的地点运到指定交付货物的地点的运输。

协作式多式联运是目前国内货物联运的基本形式。在协作式多式联运中，参与联运的承运人均可受理托运人的托运申请，接收货物，签署全程运输单据，并负责自己区段的运输生产；后续承运人除负责自己区段的运输工作外，还需要承担运输衔接工作；而最后承运人则需要承担货物交付任务以及受理收货人的货损货差的索赔。在这种体制下，参与联运的每个承运人均具有双重身份。对外而言，他们是共同承运人，其中一个承运人(或代表所有承运人的联运机构) 与发货人订立的运输合同，对其他承运人均有约束力，即视为每个承运人均与供货方存在运输合同关系；对内而言，每个承运人不但有义务完成自己区段的实际运输和有关的货运组织工作，还应根据规章或约定协议承担风险，分配利益。

2．衔接式多式联运

衔接式多式联运是指由一个多式联运企业(以下称多式联运经营人)综合组织两种或两种以上运输方式的运输企业，将货物从接管货物的地点运到指定交付货物的地点的运输。在实践中，多式联运经营人既可能由不拥有任何运输工具的国际货运代理人、场站经营人、仓储经营人担任，也可能由从事某一区段运输工作的实际承运人担任。但无论如何，他都必须持有国家相关主管部门核准的许可证书，并能独立承担责任。

在衔接式多式联运中，运输组织工作与实际运输生产实现了分离，由多式联运经营人负责全程运输组织工作，各区段的实际承运人负责实际运输生产。在这种体制下，多式联运经营人也具有双重身份。对于供货方而言，是全程承运人，与供货方订立全程运输合同，向供货方收取全程运费及其他费用，并承担承运人的义务；对于各区段实际承运人而言，是托运人，与各区段实际承运人订立分运合同，向实际承运人支付运费及其他必要的费用。很明显，这种运输组织与运输生产相互分离的形式，符合分工专业化的原则。由多式联运经营人“一手托两家”，不但方便了货主和实际承运人，也有利于运输的衔接工作，因此，它是多式联运的主要形式。在国内多式联运中，衔接式多式联运通常称为联合运输，多式联运经营人则称为联运公司。

1.4 本章小结

本章主要阐述了多式联运的基本概念、发展历程以及服务优势；明确了集装箱多式联运服务供应链的基本概念、特点以及合作模式。集装箱运输服务在全球服务供应链网络中处于核心节点的位置，应当从供应链的视角指导集装箱多式联运发展。以后各章节将围绕集装箱多式联运服务供应链运营管理的关键策略展开研究，这些研究将为现代集装箱多式联运发展提供理论和方法上的支持。

第 2 章 国内外相关研究综述

2.1 集装箱多式联运研究综述

2.1.1 集装箱多式联运系统发展

在国际上，Goldsmith 等人[13]通过定义的 agent 信息抽象、信息共享，协调和监控海运作业、人机交互等功能，改善了跨境贸易航运中的复杂性、延迟性等问题。Sinha-Ray 等人[14]开发了一个基于 agent 的国际集装箱运输市场的仿真系统，从策略层面研究了不同的参与方决策对整个集装箱运输市场的影响。Dong 和 Li[15]设计了一个基于多式联运的信息系统模型框架，旨在解决多式联运各个参与方之间复杂的信息交互问题。Dullaert 等[16]提出了一个基于多式联运的通讯支持平台，通过 agent 间的自主信息交流，实现了供需协调、航线追踪、突发事件处理等目标。

对我国国际集装箱多式联运面临的问题，国内学者张北平主要从基础设施落后、组织管理水平不高和信息系统不完善等几个方面进行了分析，并针对存在的问题提出了加强多式联运系统内部的协调与配合、提高集装箱多式联运组织管理水平、加快信息系统开发和搞好基础设施建设等相应的对策[4]。杨清波[17]在《美国多式联运综述》一文中对美国多式联运(铁路的挂车和集装箱运输) 作了综合分析与论述，包括美国从挂车、集装箱运输的起源、发展，直至当前的双层集装箱运输、公铁两用挂车等先进技术的应用，并对铁路多式联运办理站作了简要介绍。武娜[18]对我国多式联运发展的现状及发展趋势进行了详细的分析，然后针对存在的问题对我国多式联运的发展给出了几点建议，建议主要从基础设施建设、加强多式联运信息通信技术、完善政策法规体系和提高运输效率等方面给出的。高媛丽[19]在其硕士论文中从集装箱多式联运通道的相关概念入手，在分析了东北地区集装箱多式联运发展现状和问题的基础上，综合考虑各种运输方式，利用目标函数 c 均值聚类的理论和方法，对东北地区集装箱多式联运货运站的布局进行了统一的规划和分析。同时，还提出了在进一步发展集装箱多式联运通道的过程中，需要改进和完善的方面及其途径。周宁[20]在《发展我国多式联运业的思考》一文中，借鉴国外经济发达国家的经验，联系我国的实际情况，提出大力发展集装箱多式联运是我国运输业发展的方向，也是缓解目前运力紧张状况，实现社会经济持续发展的重要举措之一的观点。张熳[21]以洋山港与上海芦潮港铁路物流中心为例，阐述了我国目前集装箱海铁联运的现状，分析了影响集装箱海铁联运发展在货源不足、铁路运能不足、相关管理体制与信息系统共享不够完善等方面的制约因素，并针对这些制约因素提出了改进意见和建议。苏顺虎[22]分析了铁路运输面临的总体形势，总结了铁路集装箱运输在管理、改革、经营方面取得的进步，指出我国铁路运输能力的快速扩充将为发展集装箱多式联运打开广阔的空间，并阐述了当前铁路部门将重点做好加快拓展集装箱多式联运业务、加强集装箱班列运输组织、完善集装箱运输管理信息系统、加快场站建设和设施改造、大力发展双层集装箱运输等方面的工作。葛瑞、冯欲晓、郎茂祥[23]介绍了国内外集装箱海铁联运的发展现状，指出我国集装箱海铁联运在铁路运输、港口、海关方面存在的一些问题，并提出了积极发展铁路双层集装箱运输，完善港站、内陆港的建设，加快海铁联运信息系统建设，成立综合协调部门等相关对策。

2.1.2 集装箱多式联运模型优化

在国际上，Ziliaskopoulos A,Wardell W[24]建立了基于时间窗口的路径选择模型，并利用动态分析法验证了在途时间和中转时间在多式联运网络最优路径选择中的重要性，并通过对路径选择模型进行求解，寻求最佳的物流运输路径。Floian

M[25]建立了基于运输计划因子和决策因子的多式联运路径选择模型，首次用计划及决策因素对模型进行约束，并运用遗传算法对模型进行求解，得到最优运输路径。Crainic TG，Florian M[26]分别从宏观和微观角度分析运输模型的选择策略，为集装箱多式联运的快速发展提出了宝贵意见。Thomas Agrigalunas[27]等人论述了城市货运站中转环节产生的费用问题，建立了基于中转成本及劳动成本的可能性损坏费用的多因子单目标决策模型。Chang IngHsu，Yu PingHsieh[28]建立了基于最小化运输成本和最小化库存成本的多目标决策模型，并制定了成本函数，通过对库存和运输因子进行约束，寻求数学模型的最优解，从而根据模型的最优解来决定最优的航行次数、船舶大小以及班轮路线。Chen A，Yang H[29]对集装箱多式联运网络的连通性问题进行了研究，对运输时间及物流运输能力对整个物流网络的可靠性的影响进行了分析，证明了物流能力的冗余程度对系统的可靠性有很大影响。Halldorsson，Aastrupl 等人[30]对物流网络系统的可靠性进行了深入探讨，分析了影响系统可靠性的度量标准与方法，构建了评价指标体系，并对物流网络的可靠性与物流其他属性之间的内在联系进行了深入研究。

国内学者王淑云[31]在其研究中主要从鉴定工业企业的物流需求、评估和选择供应商等方面对物流采购过程管理进行了研究。盛刚[32]在其硕士学位论文中分析了集装箱多式联运发展研究的重要意义及国内外多式联运发展研究的现状，重点分析了集装箱多式联运的形成机理及系统演化，并对多式联运的线路选择与决策进行了研究，提出了多式联运运输方式基于求最短路(Dijkstra 算法) 的启发式算法的组合优化模型，有效地解决了带有时间约束和能力约束的最短路径问题。付晓凤，马彬，张娟等[33]研究了多式联运中的运输时间与成本间的相关性，通过对这两个指标进行无量纲化分析，以时间和成本总体最优化为目标，设计了一套多式联运的路径优化模型。王玲玲、李晓萍、覃运梅[34]分析了多式联运企业运输路径选择的影响因素，采用主成分分析的方法对多式联运企业如何进行路径评选建立了分析模型。谢芳、张楠、纪寿文[35]使用层次分析法对多式联运中如何做路径选择的问题进行了设计。陈香兰、李曦、龚育昌[36]通过分析服务组合路径优化中的关键参数的重要性，给出了这些关键参数的选择策略和选择方法。

通过上述学者的研究可知，目前对于集装箱多式联运相关问题的探讨和研究相对比较充分。在针对多式联运运输服务系统优化和运力选择的模型和算法中，很多学者都是从最短路、最短时间以及基于时间因素的最短路角度对问题进行分析的。对选择多式联运承运人问题的研究也大都只是针对价格单因素使用最短路方法进行探讨，也有一些学者使用层次分析法或模糊评判法来探讨此类问题，他们的研究成果对提高运输企业的物流运输效率有一定的意义。然而，这些成果大多数是在集中式决策环境下的静态网络路径优化。在实际情况中，多式联运供应链的构建问题要复杂得多，仅仅从最短路和主观评价角度来考虑问题是远远不够的，还需要考虑运输线路的可达性、衔接性等问题以及多式联运承运人选择的科学性。

2.2 服务供应链研究综述

2.2.1 服务供应链内涵

面向传统供应链概念的研究在本世纪初已经十分广泛，美国学者 Lisa M. Ellram 在 2004 年发表了《理解和管理服务供应链》一文，这标志着服务供应链正式开始得到关注[37-38]。尽管当时对服务供应链的研究内容有限，但许多学者已经提到或触及相关的概念问题，比如服务价值、客户服务供应链等。随着服务业的日益发展，服务供应链的概念在当前运筹管理的研究过程中显得愈加重要。服务供应链成为服务科学的一个重要理论基础，也是得到大量学者广泛关注的新兴的管理领域。目前，国内外关于服务供应链内涵的理解大致分为两大类[39]：一类观点认为，服务供应链是传统供应链相关服务活动的集成；另一类观点则认为，服务供应链是传统供应链的理论在服务部门的应用。服务供应链管理是指在服务从创建到交付的过程中关于服务信息、服务处理、服务能力、服务绩效和服务资本的面向服务集成管理模式[38]。专业服务涵盖着外包工程、技术服务、咨询等业务；金融服务涵盖着抵押贷款与保险等业务。Danixa S 等人[40]概括了服务供应链三种观点，并给出了基于专业服务外包前景的服务供应链定义。这个定义认为：在专业的服务外包过程中，专业服务供应链管理是服务信息、服务过程、服务能力、服务绩效和从服务供应商到终端客户的资金流动的管理的一种集成管理。另外，依据服务行业不同，也出现了不同的服务供应链概念，比如金融服务供应链、物流服务供应链和旅游服务供应链等。Dirk de Waart 和 Steve Kemper[41]定义服务供应链为涉及到计划、运转和材料的修理等售后支持全部的处理过程和活动。

国内学者马士华[42]认为，供应链是执行采购原材料，将他们转换成为中间产品和成品，并将成品销售到用户的功能网链。屈莉莉等人[11]围绕港口物流服务供应链构建的几个关键问题展开研究，认为港口是全球供应链网络中的节点，需要从供应链协同的角度探索港口物流服务的管理问题。金立印[43]以中国民航服务业为对象，考察了作为服务供应链管理动力源泉的服务领导力和组织文化同供应链管理活动间的关系，并实证检验了服务供应链管理模式对顾客满意度及企业经营绩效有何作用。研究结果表明，服务供应链战略管理活动、运作管理活动和顾客信息系统的构建可以有效提升顾客满意度，能够为企业带来利润，增加企业绩效。于亢亢[44]以电子制造服务供应商为对象，研究并发现服务供应链管理与企业绩效有极大相关性，并认为服务供应链发挥作用的关键是用服务拉动整条供应链的管理和运作，通过服务的整合满足客户多样化的需求。宋华和于亢亢[45]通过比较制造供应链(属于传统的产品供应链)和服务供应链的差别，提出网络结构、业务流程和管理成分是服务供应链整体结构的三部分。并结合案例分析，总结出服务集成商成功的关键要素。卓可明等人[46]在分析产品供应链与服务供应链研究发展现状的基础上，列举并分析了二者在定义、性质、各方参与范围、绩效评估的有效性、对顾客响应模式等方面存在的差异。王振锋等人[47]认为，处理好服务供应链各成员间的利益分配有助于服务供应链系统保持稳定关系。系统各成员在投入、努力程度和承担风险等方面的差异，都会影响各成员的利益分配。通过考虑收入因素、努力因素和风险因素，对基于 Shapley 值的利益分配模型进行修正，提出了利益分配综合模型。杨哲和张大陆[48]用服务关系网刻画服务实体间服务关系的耦合情况，在对服务供应链中的逻辑关系进行了界定后，论述并证明了服务关系网中服务链数量的相关定理，最后提出了赋权服务关系网中的服务供应链深度优先扩散构建算法。

2.2.2 服务供应链协同

“协同”的定义最早由伊戈尔·安索夫在 1965 年出版的《公司战略》一书中提出。“整体大于部分之和”是战略协同的本质所在，安索夫将这一本质用公式“2+2=5”来表示，从而确立了协同的经济学含义。对于企业战略而言，协同概念的提出是至关重要的。协同被安索夫视为战略四要素之一，而协同的有效性部分来源于规模经济带来的好处，部分来源于“经理的协同”。日本的战略专家伊丹广之将协同概念分解成“互补效应”和“协同效应”[49]。莫斯·坎特在其著作《寻求并实现协同》中认为多元化公司创造价值的唯一途径就是协同[50]。安德鲁·坎贝尔等人[49]在总结其他学者的研究结果的基础上，出版了《战略协同》一书。该书从协同的含义、协同机会的分析、协同的实现和实践中的协同四个部分阐述了战略协同，并将理论与实际案例相结合，可操作性强。服务供应链协同研究的目的是为了实现服务供应链管理优化，提高服务供应链的运作效率，提升服务供应链的最终客户满意度。目前，对服务供应链协同的研究主要集中在理论探讨和模型分析两个方面，力求解决服务供应链中与协同和协调相关的问题。Tamer 和 Guillermo[51]以顾客服务为基础，运用博弈理论分析了在供应链协同、供应链不协同以及一条供应链协同而另一条不协同等三种情景下的竞争情况，得出了供应链协同合作是优势策略，但在囚徒困境情况下，顾客是供应链协同的唯一受益者的结论。Anna Nagurney[52]考虑应当在满足客户需求的同时最小化供应链总成本，建立了供应链网络的组织和重组织优化设计模型，并通过实例证明了模型的有效性。

Berodia 等人[53]通过建立总成本最小化模型对港口运输进行优化，并在总成本中考虑了港口运输带来的交通拥堵和环境污染等社会成本。P.D. Lee[54]运用社会网络理论分析了港口供应链的协调度和凝聚力，并得出协调度越高的供应链绩效越好的结论。Yang Yan 等人[55]构建了港口供应链协调整合的框架模型。T.M.Simatupang 等人[56]分析了供应链集成的 4 种协调模式，而其他一些研究说明了供应链集成协调有利于提高供应链的绩效和竞争力[57-60]。Demirkan[61]研究了在应用服务提供商和应用基础设施提供商之间共享风险和信息的策略下服务供应链的绩效，并提出了一种有效机制以达到供应链整体绩效的最大化。

国内学者付秋芳等人[62]提出了服务供应链的定义、特征和运作组织结构，确立了服务供应链协同运作下的结构，通过分析得出了服务供应链协同运作的关键因素。王妮莎[63]从约束机制、整合方法及营销方法等方面提出了航空物流企业服务供应链的整合建议。李毅斌等[64]基于流程优化的视角，从技术和管理两个维度，对提升物流服务供应链运作协同绩效进行了初步研究。马翠华[65]认为，物流服务供应链的本质是基于能力合作，并在这一前提下，对供应链的协同机制进行了定性分析。孙朝苑等人[66]以成都神钢为案例分析了制造业的服务供应链协作运营状况，验证了服务供应链协同合作的内涵与机理。张辰彦[67]在探讨了物流服务供应链协同存在的问题及其产生原因之后，从相关经济学理论的角度定性分析了协同的形成机理。鄢飞和董千里[68]分析了物流服务供应链(Logistics Service Supply Chain，LSSC) 四种协同界面和各节点间的协同关系，并借助于 Logistic 增长模型构建协同生长模型，探讨了节点协同生长演化的一般机理。在另一篇文章里，鄢飞等人[69]提出了点链式、线链式和全链式三种物流服务供应链协同运作模式，并构建了线链式协同运作模型用于探讨 LSSC 协同运作机理。王晓立等人[70]为了在供应和需求不确定的条件下，解决物流服务集成商和供应商之间能力采购和投资的协调问题，建立了 Stackelberg 博弈模型，并提出基于收益共享的能力采购费用补偿机制。刘伟华等人[71]为物流服务集成商和提供商分别建立了成本模型和利润模型，并通过比较有无能力匹配约束时的结果，分析了供应链的两级能力协调问题。他们在另一篇文章建立了博弈模型，分析研究了物流服务供应链两级合作中的质量监控与协调问题[72]。鲁其辉等人[73]考虑了在市场需求和服务容量均与服务提供商的努力水平相关的条件下，如何基于成本共担策略构建模型，并分析了序贯决策和同时决策两种情况下模型的 Nash 均衡解。曾亮[74]通过势函数比较分析物流商之间、物流商与客户间协同前后的效用，说明了协同效应的变化趋势。

2.2.3 服务供应链风险

关于供应链风险的定义，目前在业界尚未形成统一的认识。在 *Decision Maker Direct* 杂志中的一篇文章 *Supply Chain Risk Management* 将其定义为：对于会扰乱供应链正常运行的一些具有威胁的行为，称为供应链风险[74]。

国外自进入 21 世纪以来才开始对服务供应链的研究，目前尚未成熟。从 LisaM.Ellram 于 2004 年发表《理解和管理服务供应链》一文开始，标志着服务供应链正式开始得到研究者们关注，他们从研究供应风险，逐步发展成为研究供应链风险。Metchell 将供应链风险定义为因供应链中不同企业中的文化水平、企业理念、市场结构稳定性等因素的不同而导致的风险发生，称为供应链风险。Philip 0'Keeffe[75]根据风险可控与否，将风险分为两大类别，其中自然风险、产业环境变化、意外事故等风险属于不可控风险，服务水平、产品来源及质量、供应商的选择属于可控风险。Buhalis D[76]研究了信息技术和互联网技术对于服务供应链，尤其是在在线旅游服务供应链方面的影响和作用。Tsai 和 Chen[77]为了研究自然灾害对旅游服务供应链的影响，建立了一个快速评估响应模型。

直到 2000 年初，国内学者们也开展了对服务供应链行业的风险进行研究。研究主要集中在物业服务、旅游服务和物流服务等行业。对于一个复杂的供应链系统，目前在学术界尚未有对于供应链风险的一个明确定义。马士华[78]将供应链风险划分为两大类，分别为内生风险与外生风险。他将信誉道德、扭曲信息和利己行为归类为内生风险，将经济、法律、政治、技术这些外部影响因素归类为外生风险。丁伟东[79]指出供应链系统的脆弱性是导致风险发生的主要原因，会通过对供应链系统的破坏，影响整个供应链系统的运作，使供应链系统上的各个企业遭受损失。而服务供应链的内在结构和外部环境较产品供应链更为复杂多变，所以其风险更是难以避免的。从对供应链的结果影响出发，张智勇[80]将供应链风险分类为两种，一种是来自正常活动中断而产生的风险，一种是由供应和协调的问题而产生的风险。王燕[81]认为，当企业在运营过程中因各种不确定性因素导致企业的实际效益与预期效益产生偏差时，这种特定领域的风险就称之为供应链风险。郭召海[82]在总结物流服务供应链风险类别和成因的基础上，构建了风险综合评判体系，提出了多种风险评判方法并对物流服务供应链风险进行评判，最后给出了风险防范措施。

由于国内外学者对于服务供应链风险的定义尚无一个统一的定义，所以对于供应链风险的研究尚处于起步阶段，而且针对服务供应链各方面的风险研究还不够深入，在风险与风险之间、风险与事件之间的关联性方面的研究仍有待加强。尤其是针对服务供应链中的协同风险和信息风险的研究还很少，而这两个风险是内部风险中最重要的部分，对供应链的稳定性有极大的影响。

综上所述，国内外学者在服务供应链方面的研究文献已有一些成果，但很多成果都是借鉴产品供应链的概念来进行分析而得到的。但是产品供应链与服务供应链又有诸多不同之处，例如服务供应链产品具有不可分割性、易逝性、顾客影响、劳动密集性等特征。目前关于服务供应链的研究时间并不长，虽然近些年的研究却开展得比较活跃，但总体上来说，服务供应链的相关研究仍维持在稀疏和离散状态。首先，服务供应链的思想并没有真正应用于服务部门。尽管服务供应链的概念已经存在，但它的释意相当的杂乱。其次，没有形成统一的研究架构。目前的研究仅局限在概念的描述和经验的概括。再次，针对服务供应链的理解全部来自于制造业供应链，往往忽视了服务的真正本质。最后，没有一个评估服务供应链绩效的导向性方法，这使得理论分析不能直接指导并运用于实践管理。

2.3 多式联运服务供应链研究综述

国际集装箱多式联运作为全球供应链中的重要组成部分，特别强调企业之间的战略合作关系，能够以不同的运输方式提供综合运输服务，满足客户多样化和个性化的需求。目前，针对多式联运的研究主要集中在各个子环节或子系统方面，即局限在航运公司、集装箱港口、集装箱货运站、铁路和公路运输等各个系统内部。例如，集装箱航线和网络设计[83-84]、集装箱空箱调运[85]、车辆路径优化[86-88]等。

随着国际竞争的加剧，多式联运经营人更加关注供应链的集成，重视不同运输方式的无缝衔接与协同调度，并且通过整合各种承运企业的运输业务，实现利益共得与风险共担[89-91]。近十年来，许多学者深入分析了集装箱多式联运运营模式对经济、环境和社会的综合影响[92]，认为多式联运除了提升运输效率所带来的直接经济效益外，还具有减轻道路拥堵[93]、促进技术创新[94]、改善环境等间接的经济效益[95]，有助于提升整个社会综合效益。一些国内学者研究了我国集装箱多式联运的发展现状和影响因素，认为集装箱多式联运是我国运输业在经济全球化趋势下的必然选择[96-97]，并且基于各种运输方式的技术经济特征和可持续发展思想，探讨了我国多式联运的发展方向[98]。在内陆集装箱中转站方面，研究大多集中在货运站选址[99]、铁路集装箱的无缝组织与优化调度等问题[100,101]。而集装箱港口作为国际集装箱多式联运的枢纽，其地位和作用远远大于内陆集装箱中转站。张彬[102]则从全局最优化角度研究了物流企业之间的相互协作、以及不同运输方式之间的无缝衔接，在分布式决策下建立了多式联运供应链的动态构建方法，并在考虑了多式联运中的不确定性、碳排放等问题的基础上，以运输速度为契合点进行了扩展研究，分析了动态不确定环境下物流终端的作业优化对多式联运计划的可靠性以及货物按时交付率的影响。

综上所述，目前关于多式联运服务供应链的研究成果相对较少，已有的研究主要集中在多式联运的服务功能以及航线和网络设计、车辆路径优化等方面，鲜有从服务供应链角度进行系统研究。张彬[102]的论文《多式联运供应链的协调与协同优化研究》比较系统地讨论了多式联运服务供应链的优化问题，其他涉及到多式联运优化问题的研究大都是从多式联运自身出发，缺乏供应链管理思想的指导。自 2017 年开始，服务供应链的相关研究开展得比较活跃。将多式联运服务与服务供应链联合起来研究，探讨多式联运经营人、承运人、仓储等服务提供商的合作优化问题，将成为未来交通运输与供应链领域的新兴切入点。

2.4　本 章 小 结

本章总结和分析了集装箱多式联运、服务供应链以及多式联运服务供应链方面的现有理论基础和研究成果。针对本书拟要研究的集装箱多式联运服务供应链运营策略问题，本章从多个角度对现有相关研究成果进行总结性的概述和分析，简要阐述了已有的研究成就与本书的研究方向。

第3章 集装箱多式联运服务供应链的运输合作策略

3.1 基本假设

假设两条多式联运服务供应链 i 和 j 均为提供从 A 点到 B 点的多式联运服务供应链，且运输服务均由两个路段组成(如图 3.1 所示)，通过路段 1i 与 2i 组合或者路段 1j 与 2j 组合都可完成服务。设供应链 i 选择路段 1i+2i 完成从 A 点到 B 点的多式联运服务，供应链 j 选择路段 1j+2j。

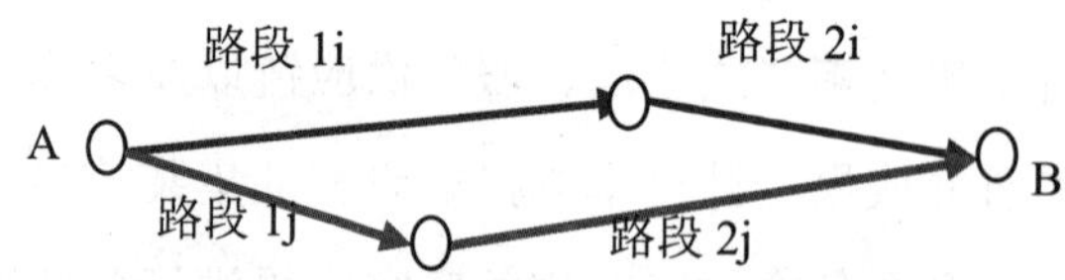

图 3.1 多式联运服务供应链中的路段组合

多式联运经营人可根据相应策略选择自营运输或者外包给其他承运人来运输，其中路段 1i 的运输成本为 c_{1i}，路段 2i 的运输成本为 c_{2i}，路段 1j 的运输成本为 c_{1j}，路段 2j 的运输成本为 c_{2j}。然而由于能力限制，多式联运经营人实际最多能从事其中一个路段的运输服务。

同时，对于从事运输服务的供应链 i 和 j，其面临的需求既受到自身定价的影响，同时又受到其他供应链价格的影响，因此设其函数为：

$$q_{\mathrm{i}} = \Phi - \alpha p_{\mathrm{i}} + \beta p_j,\quad \mathrm{i} \neq \mathrm{j} \in \{1,2\} \tag{3.1}$$

式中，p_i 为供应链 i 的多式联运包干运费。

为简化问题，假定多式联运服务供应链中各参与人利润都为正值，即 $p_i > \omega_i > c_i$ (ω_i 为供应链 i 的内部运费报价)，多式联运经营人的单位利润为 $r_i = p_i - \omega_{1i} - \omega_{2i}$ 或者 $r_i = p_i - c_{1i} - \omega_{2i}$ (运输业务全部外包时利润为前者，运输业务为自营+外包时则为后者) .同时，还假设 $\alpha > \beta$，由于供应链 i 和供应链 j 之间具有一定的竞争型和替代性，因此 $\rho = \alpha - \beta$ 的大小在一定程度上能够表达出两条供应链之间的可替代性大小，ρ 越大则表示可替代性越小，反之则越大；该运输市场为完全信息下的服务市场，实际运输成本 c_{1i}、 c_{2i}、 c_{1j}、 c_{2j} 是共同知识。

3.2　外包经营策略及其参数分析

3.2.1 OO+OO 模式

两条供应链中多式联运经营人都选择将运输业务全部外包(Out-sourcing) ，即供应链 i 中多式联运经营人将两个路段的运输服务全部外包(OO) ，供应链 j 中多式联运经营人也将两个路段的运输服务全部外包(OO) 。

服务供应链 i 中，多式联运经营人 M_i 处于整条服务供应链的主导地位，因此多式联运经营人 M_i 根据市场情况制定出多式联运包干运费 p_i，两个实际承运人 S_{1i} 和 S_{2i} 作为随从者，要根据 p_i 制定出各自的内部运费报价 ω_{1i} 和 ω_{2i}。

供应链 i 中实际承运人 S_i 的利润函数为:

$$\Pi_{S_{1i}} = (\omega_{1i} - c_{1i})q_i, \quad i \neq j \in \{1,2\} \tag{3.2}$$

$$\Pi_{S_{2i}} = (\omega_{2i} - c_{2i})q_i, \quad i \neq j \in \{1,2\} \tag{3.3}$$

供应链 i 中多式联运经营人 M_i 的利润函数为:

$$\Pi_{M_i}=(p_i-\omega_{1i}-\omega_{2i})q_i\text{，}\quad i\neq j\in\{1,2\}\tag{3.4}$$

整条服务供应链 i 的利润函数为：

$$\Pi_{SC_i}=(p_i-c_{1i}-c_{2i})q_i\text{，}\quad i\neq j\in\{1,2\}\tag{3.5}$$

将式(3.2) 和式(3.3) 分别对 ω_{1i} 和 ω_{2i} 求偏导数并使之为零，可得：

$$\omega_{1i}=\frac{(\Phi-\alpha p_i+\beta p_j)}{\alpha}+c_{1i}\text{，}\quad i\neq j\in\{1,2\}\tag{3.6}$$

$$\omega_{2i}=\frac{(\Phi-\alpha p_i+\beta p_j)}{\alpha}+c_{2i}\text{，}\quad i\neq j\in\{1,2\}\tag{3.7}$$

将式(3.6) 和式(3.7) 代入式(3.4) 中，并对 p_i 求偏导并使之为零，可得：

$$6\alpha p_i-5\beta p_j=5\Phi+\alpha(c_{1i}+c_{2i})\tag{3.8}$$

同理可得：

$$6\alpha p_j-5\beta p_i=5\Phi+\alpha(c_{1j}+c_{2j})\tag{3.9}$$

将式(3.8) 和式(3.9) 联立后，可得：

$$\begin{cases}p_i=\dfrac{5\Phi(6\alpha+5\beta)+6\alpha^2(c_{1i}+c_{2i})+5\alpha\beta(c_{1j}+c_{2j})}{36\alpha^2-25\beta^2}\\[2ex] p_j=\dfrac{5\Phi(6\alpha+5\beta)+6\alpha^2(c_{1j}+c_{2j})+5\alpha\beta(c_{1i}+c_{2i})}{36\alpha^2-25\beta^2}\end{cases}\tag{3.10}$$

将式(3.10) 代入式(3.6) 和(3.7) ，得到：

$$\begin{cases}\omega_{1i}=\dfrac{\Phi(6\alpha+5\beta)+\alpha\beta(c_{1j}+c_{2j})+(30\alpha^2\text{-}20\beta^2)c_{1i}+(5\beta^2-6\alpha^2)c_{2i}}{36\alpha^2\text{-}25\beta^2}\\[2ex] \omega_{2i}=\dfrac{\Phi(6\alpha+5\beta)+\alpha\beta(c_{1j}+c_{2j})+(5\beta^2-6\alpha^2)c_{1i}+(30\alpha^2-20\beta^2)c_{2i}}{36\alpha^2-25\beta^2}\end{cases}\tag{3.11}$$

将式(3.10) 和式(3.11) 分别代入式(3.1)～式(3.4) 可得：

$$q_i=\frac{\alpha[\Phi(6\alpha+5\beta)+\alpha\beta(c_{1j}+c_{2j})+(5\beta^2-6\alpha^2)(c_{1i}+c_{2i})]}{36\alpha^2-25\beta^2}\tag{3.12}$$

$$\Pi_{S_{1i}} = \Pi_{S_{2i}} = \frac{\alpha[\Phi(6\alpha+5\beta)+\alpha\beta(c_{1j}+c_{2j})+(5\beta^2-6\alpha^2)(c_{1i}+c_{2i})]^2}{(36\alpha^2-25\beta^2)^2} \tag{3.13}$$

$$\Pi_{M_i} = \frac{3\alpha[\Phi(6\alpha+5\beta)+\alpha\beta(c_{1j}+c_{2j})+(5\beta^2-6\alpha^2)(c_{1i}+c_{2i})]^2}{(36\alpha^2-25\beta^2)^2} \tag{3.14}$$

$$\Pi_{SC_i} = \frac{5\alpha[\Phi(6\alpha+5\beta)+\alpha\beta(c_{1j}+c_{2j})+(5\beta^2-6\alpha^2)(c_{1i}+c_{2i})]^2}{(36\alpha^2-25\beta^2)^2} \tag{3.15}$$

多式联运虽然只有一张运单并且只提供一个运费报价，但由于 OO+OO 模式涉及两个运输路段，因此涉及到多个利益方。同时，由于两条供应链面临的市场情况与内部结构相同，计算得到的 p_i 和 p_j 在形式上是对称的。

3.2.2 SO+SO 模式

两条供应链中多式联运经营人都选择自营(Self-operate) 运输其中一个路段而将另一路段外包(Out-sourcing) 出去，即供应链 i 中多式联运经营人服务模式为一个路段自营与一个路段外包(SO) ，供应链 j 中的多式联运经营人也选择一个路段自营与一个路段外包(SO) 。

两条供应链中的多式联运经营人都实际承担运输行为，由于只提供一个路段和一种运输方式的服务，因此多式联运经营人和另一路段的实际承运人为合作关系。多式联运经营人 M_i 和 M_j 向托运人提供包干运费，在供应链中仍然是 Stackelberg 领导者，另一路段实际承运人 S_i 和 S_j 是定价随从者。

承运人 S_i 或 S_j 的内部报价仍然可由式(3.6) 或者式(3.7) 式来表示，而该模式中的多式联运经营人 M_i 或 M_j 的利润函数表述方式有所不同：

$$\Pi_{M_i} = (p_i - \omega_{2i} - c_{1i})q_i\text{，}\quad i \neq j \in \{1,2\} \tag{3.16}$$

供应链整体利润与上节相同，仍由式(3.5)表示。

重复 3.2.1 节的计算过程，可得到 SO+SO 模式各项参数，如表 3.1 所示。

实际上，SO+SO 模式的分析结果与 OS+OS 模式是一致的，即不管多式联运经营人选择前一个路段还是后一路段外包出去，其计算结果是相同的，运输路段的顺序并不影响决策结果。因此，没有必要将 OS+OS 模式列为一种单独经营模式进行阐述。

3.2.3 SO+OO 模式

供应链 i 的多式联运经营人 M_i 选择一部分自营，另一部分外包；供应链 j 的多式联运经营人 M_j 选择全部外包；无论哪种模式，多式联运经营人始终处于 Stackelberg 领导者的地位，其他实际承运人作为定价的随从者。

SO+OO 模式中，供应链 1 的情况与 3.2.2 节相同，而供应链 2 的情况与 3.2.1 节相同。由于两条供应链采取的策略不同，导致不同供应链中的多式联运经营人的利润值表达方式不再是简单对称的关系，计算出的市场需求、运费、利润等参数也不再对称。

重复 3.2.1 节和 3.2.2 节中的计算过程可得到各项参数，如表 3.1 所示。

3.2.4 OO+SO 模式

与 SO+OO 模式的选择相反，供应链 j 的多式联运经营人 M_j 选择一部分自营，另一部分外包；而供应链 i 的多式联运经营人 M_i 选择全部外包；同样地，多式联运经营人始终处于 Stackelberg 领导者地位，分包商实际承运人仍是定价的随从者。OO+SO 模式与 SO+OO 模式的分析方法相同，其定价、市场需求量以及供应链利润等函数的计算过程与 3.2.3 节相同，参数值如表 3.1 所示。

从表中参数可以看出，在 SO+SO 或者 OO+OO 模式中，由于两条供应链结构相同，两个供应链无论是价格、市场需求还是利润参数，其表达方式都相同。而在 SO+OO 模式和 OO+SO 模式中，由于两条供应链结构不同，导致了供应链 SO 和供应链 OO 的参数在形式上各不相同。

表 3.1　四种模式供应链参数汇总

参数	OO+OO 模式	SO+SO 模式
p	$p_i=\frac{5\Phi(6\alpha+5\beta)+6\alpha^2(c_{1i}+c_{2i})+5\alpha\beta(c_{1j}+c_{2j})}{36\alpha^2-25\beta^2}$	$p_i=\frac{3\Phi(4\alpha+3\beta)+4\alpha^2(c_{1i}+c_{2i})+3\alpha\beta(c_{1j}+c_{2j})}{16\alpha^2-9\beta^2}$
q	$q_i=\frac{\alpha[\Phi(6\alpha+5\beta)+\alpha\beta(c_{1j}+c_{2j})+(5\beta^2-6\alpha^2)(c_{1i}+c_{2i})]}{36\alpha^2-25\beta^2}$	$q_i=\frac{\alpha[\Phi(4\alpha+3\beta)+\alpha\beta(c_{1j}+c_{2j})+(3\beta^2-4\alpha^2)(c_{1i}+c_{2i})]}{16\alpha^2-9\beta^2}$
ω	$\omega_{1i}=\frac{\Phi(6\alpha+5\beta)+\alpha\beta(c_{1j}+c_{2j})+(30\alpha^2-20\beta^2)c_{1i}+(5\beta^2-6\alpha^2)c_{2i}}{36\alpha^2-25\beta^2}$ $\omega_{2i}=\frac{\Phi(6\alpha+5\beta)+\alpha\beta(c_{1j}+c_{2j})+(5\beta^2-6\alpha^2)c_{1i}+(30\alpha^2-20\beta^2)c_{2i}}{36\alpha^2-25\beta^2}$	$\omega_i=\frac{\Phi(4\alpha+3\beta)+\alpha\beta(c_{1j}+c_{2j})+(3\beta^2-4\alpha^2)c_{1i}+(12\alpha^2-6\beta^2)c_{2i}}{16\alpha^2-9\beta^2}$
Π_S	$\Pi_{S_i}=\frac{\alpha[\Phi(6\alpha+5\beta)+\alpha\beta(c_{1j}+c_{2j})+(5\beta^2-6\alpha^2)(c_{1i}+c_{2i})]^2}{(36\alpha^2-25\beta^2)^2}$	$\Pi_{S_i}=\frac{\alpha[\Phi(4\alpha+3\beta)+\alpha\beta(c_{1j}+c_{2j})+(3\beta^2-4\alpha^2)(c_{1i}+c_{2i})]^2}{(16\alpha^2-9\beta^2)^2}$
Π_M	$\Pi_{M_i}=\frac{3\alpha[\Phi(6\alpha+5\beta)+\alpha\beta(c_{1j}+c_{2j})+(5\beta^2-6\alpha^2)(c_{1i}+c_{2i})]^2}{(36\alpha^2-25\beta^2)^2}$	$\Pi_{M_i}=\frac{2\alpha[\Phi(4\alpha+3\beta)+\alpha\beta(c_{1j}+c_{2j})+(3\beta^2-4\alpha^2)(c_{1i}+c_{2i})]^2}{(16\alpha^2-9\beta^2)^2}$
Π_{SC}	$\Pi_{SC_i}=\frac{5\alpha[\Phi(6\alpha+5\beta)+\alpha\beta(c_{1j}+c_{2j})+(5\beta^2-6\alpha^2)(c_{1i}+c_{2i})]^2}{(36\alpha^2-25\beta^2)^2}$	$\Pi_{SC_i}=\frac{3\alpha[\Phi(4\alpha+3\beta)+\alpha\beta(c_{1j}+c_{2j})+(3\beta^2-4\alpha^2)(c_{1i}+c_{2i})]^2}{(16\alpha^2-9\beta^2)^2}$
参数	SO+OO 模式	
p	$p_i=\frac{\Phi(6\alpha+5\beta)+2\alpha^2(c_{1i}+c_{2i})+\alpha\beta(c_{1j}+c_{2j})}{8\alpha^2-5\beta^2}$	$p_i=\frac{5\Phi(4\alpha+3\beta)+4\alpha^2(c_{1i}+c_{2i})+5\alpha\beta(c_{1j}+c_{2j})}{3(8\alpha^2-5\beta^2)}$
q	$q_i=\frac{\alpha[\Phi(6\alpha+5\beta)+\alpha\beta(c_{1j}+c_{2j})+(5\beta^2-6\alpha^2)(c_{1i}+c_{2i})]}{24\alpha^2-15\beta^2}$	$q_j=\frac{\alpha[\Phi(4\alpha+3\beta)+\alpha\beta(c_{1i}+c_{2i})+(3\beta^2-4\alpha^2)(c_{1j}+c_{2j})]}{24\alpha^2-15\beta^2}$
ω	$\omega_i=\frac{\Phi(6\alpha+5\beta)+\alpha\beta(c_{1j}+c_{2j})+(5\beta^2-6\alpha^2)c_{1i}+(18\alpha^2-10\beta^2)c_{2i}}{24\alpha^2-15\beta^2}$	$\omega_{1j}=\frac{\Phi(4\alpha+3\beta)+\alpha\beta(c_{1i}+c_{2i})+(20\alpha^2-12\beta^2)c_{1j}+(3\beta^2-4\alpha^2)c_{2j}}{24\alpha^2-15\beta^2}$ $\omega_{2j}=\frac{\Phi(4\alpha+3\beta)+\alpha\beta(c_{1i}+c_{2i})+(3\beta^2-4\alpha^2)c_{1j}+(20\alpha^2-12\beta^2)c_{2j}}{24\alpha^2-15\beta^2}$
Π_S	$\Pi_{S_i}=\frac{\alpha[\Phi(6\alpha+5\beta)+\alpha\beta(c_{1j}+c_{2j})+(5\beta^2-6\alpha^2)(c_{1i}+c_{2i})]^2}{(24\alpha^2-15\beta^2)^2}$	$\Pi_{S_j}=\frac{\alpha[\Phi(4\alpha+3\beta)+\alpha\beta(c_{1i}+c_{2i})+(3\beta^2-4\alpha^2)(c_{1j}+c_{2j})]^2}{(24\alpha^2-15\beta^2)^2}$

续表

参数	OO+OO 模式	SO+SO 模式
Π_M	$\Pi_{M_i}=\frac{2\alpha[\Phi(6\alpha+5\beta)+\alpha\beta(c_{1j}+c_{2j})+(5\beta^2-6\alpha^2)(c_{1i}+c_{2i})]^2}{(24\alpha^2-15\beta^2)^2}$	$\Pi_{M_j}=\frac{3\alpha[\Phi(4\alpha+3\beta)+\alpha\beta(c_{1i}+c_{2i})+(3\beta^2-4\alpha^2)(c_{1j}+c_{2j})]^2}{(24\alpha^2-15\beta^2)^2}$
Π_{SC}	$\Pi_{SC_i}=\frac{3\alpha[\Phi(6\alpha+5\beta)+\alpha\beta(c_{1j}+c_{2j})+(5\beta^2-6\alpha^2)(c_{1i}+c_{2i})]^2}{(24\alpha^2-15\beta^2)^2}$	$\Pi_{SC_i}=\frac{5\alpha[\Phi(4\alpha+3\beta)+\alpha\beta(c_{1i}+c_{2i})+(3\beta^2-4\alpha^2)(c_{1j}+c_{2j})]^2}{(24\alpha^2-15\beta^2)^2}$
参数	OO+SO 模式	
p	$p_i=\frac{5\Phi(4\alpha+3\beta)+4\alpha^2(c_{1i}+c_{2i})+5\alpha\beta(c_{1j}+c_{2j})}{3(8\alpha^2-5\beta^2)}$	$p_j=\frac{\Phi(6\alpha+5\beta)+2\alpha^2(c_{1j}+c_{2j})+\alpha\beta(c_{1i}+c_{2i})}{8\alpha^2-5\beta^2}$
q	$q_i=\frac{\alpha[\Phi(4\alpha+3\beta)+\alpha\beta(c_{1j}+c_{2j})+(3\beta^2-4\alpha^2)(c_{1i}+c_{2i})]}{24\alpha^2-15\beta^2}$	$q_j=\frac{\alpha[\Phi(6\alpha+5\beta)+\alpha\beta(c_{1i}+c_{2i})+(5\beta^2-6\alpha^2)(c_{1j}+c_{2j})]}{24\alpha^2-15\beta^2}$
ω	$\omega_{1i}=\frac{\Phi(4\alpha+3\beta)+\alpha\beta(c_{1i}+c_{2i})+(20\alpha^2-12\beta^2)c_{1i}+(3\beta^2-4\alpha^2)c_{2i}}{24\alpha^2-15\beta^2}$ $\omega_{2i}=\frac{\Phi(4\alpha+3\beta)+\alpha\beta(c_{1j}+c_{2j})+(3\beta^2-4\alpha^2)c_{1i}+(20\alpha^2-12\beta^2)c_{2i}}{24\alpha^2-15\beta^2}$	$\omega_j=\frac{\Phi(6\alpha+5\beta)+\alpha\beta(c_{1i}+c_{2i})+(5\beta^2-6\alpha^2)c_{1j}+(18\alpha^2-10\beta^2)c_{2j}}{24\alpha^2-15\beta^2}$
Π_S	$\Pi_{S_i}=\frac{\alpha[\Phi(4\alpha+3\beta)+\alpha\beta(c_{1j}+c_{2j})+(3\beta^2-4\alpha^2)(c_{1i}+c_{2i})]^2}{(24\alpha^2-15\beta^2)^2}$	$\Pi_{S_j}=\frac{\alpha[\Phi(6\alpha+5\beta)+\alpha\beta(c_{1i}+c_{2i})+(5\beta^2-6\alpha^2)(c_{1j}+c_{2j})]^2}{(24\alpha^2-15\beta^2)^2}$
Π_M	$\Pi_{M_i}=\frac{3\alpha[\Phi(4\alpha+3\beta)+\alpha\beta(c_{1j}+c_{2j})+(3\beta^2-4\alpha^2)(c_{1i}+c_{2i})]^2}{(24\alpha^2-15\beta^2)^2}$	$\Pi_{M_j}=\frac{2\alpha[\Phi(6\alpha+5\beta)+\alpha\beta(c_{1i}+c_{2i})+(5\beta^2-6\alpha^2)(c_{1j}+c_{2j})]^2}{(24\alpha^2-15\beta^2)^2}$
Π_{SC}	$\Pi_{SC_i}=\frac{5\alpha[\Phi(4\alpha+3\beta)+\alpha\beta(c_{1j}+c_{2j})+(3\beta^2-4\alpha^2)(c_{1i}+c_{2i})]^2}{(24\alpha^2-15\beta^2)^2}$	$\Pi_{SC_i}=\frac{3\alpha[\Phi(6\alpha+5\beta)+\alpha\beta(c_{1i}+c_{2i})+(5\beta^2-6\alpha^2)(c_{1j}+c_{2j})]^2}{(24\alpha^2-15\beta^2)^2}$

3.3 参数比较与协同分析

进行多路段组合的多式联运服务时，由于每条供应链中都包含了两个或者多个承运人，经营决策时既要考虑各个承运人的利益最大化，又要考虑供应链的整体利益最大化，因此找到均衡点很重要。本书下面将分析供应链在不同模式下各利益方的经营策略能否达成一致，即进行协同分析。

3.3.1 四种外包策略的参数比较

为简化问题和更好地确定均衡点，假设不同供应链的运输服务总成本相同，即 $c_{1i}+c_{2i}=c_{1j}+c_{2j}=c$。该假设符合实际情况，即在同一市场上，为了完成同一项服务，尽管使用了不同路径，其运输成本实际相差不大。因此，各供应链中的上述参数可以进行合并且得到简化，表 3.2 为简化后的不同模式供应链参数汇总表。

表 3.2　简化后的四种模式供应链参数汇总表

参数	OO+OO	SO+SO	SO+OO	OO+SO
p	$p_i=\frac{5\Phi+\alpha c}{6\alpha-5\beta}$ $p_j=\frac{5\Phi+\alpha c}{6\alpha-5\beta}$	$p_i=\frac{3\Phi+\alpha c}{4\alpha-3\beta}$ $p_j=\frac{3\Phi+\alpha c}{4\alpha-3\beta}$	$p_i=\frac{(6\alpha+5\beta)\Phi+(2\alpha+\beta)\alpha c}{8\alpha^2-5\beta^2}$ $p_j=\frac{(20\alpha+15\beta)\Phi+(4\alpha+5\beta)\alpha c}{24\alpha^2-15\beta^2}$	$p_i=\frac{(20\alpha+15\beta)\Phi+(4\alpha+5\beta)\alpha c}{24\alpha^2-15\beta^2}$ $p_j=\frac{(6\alpha+5\beta)\Phi+(2\alpha+\beta)\alpha c}{8\alpha^2-5\beta^2}$
q	$q_i=\frac{\alpha(\Phi-\alpha c+\beta c)}{6\alpha-5\beta}$ $q_j=\frac{\alpha(\Phi-\alpha c+\beta c)}{6\alpha-5\beta}$	$q_i=\frac{\alpha(\Phi-\alpha c+\beta c)}{4\alpha-3\beta}$ $q_j=\frac{\alpha(\Phi-\alpha c+\beta c)}{4\alpha-3\beta}$	$q_i=\frac{\alpha(6\alpha+5\beta)(\Phi-\alpha c+\beta c)}{24\alpha^2-15\beta^2}$ $q_j=\frac{\alpha(4\alpha+3\beta)(\Phi-\alpha c+\beta c)}{24\alpha^2-15\beta^2}$	$q_i=\frac{\alpha(4\alpha+3\beta)(\Phi-\alpha c+\beta c)}{24\alpha^2-15\beta^2}$ $q_j=\frac{\alpha(6\alpha+5\beta)(\Phi-\alpha c+\beta c)}{24\alpha^2-15\beta^2}$
Π_s	$\Pi_{S_i}=\frac{\alpha(\Phi-\alpha c+\beta c)^2}{(6\alpha-5\beta)^2}$ $\Pi_{S_j}=\frac{\alpha(\Phi-\alpha c+\beta c)^2}{(6\alpha-5\beta)^2}$	$\Pi_{S_i}=\frac{\alpha(\Phi-\alpha c+\beta c)^2}{(4\alpha-3\beta(^2}$ $\Pi_{S_j}=\frac{\alpha(\Phi-\alpha c+\beta c)^2}{(4\alpha-3\beta)^2}$	$\Pi_{S_i}=\frac{\alpha(6\alpha+5\beta)^2(\Phi-\alpha c+\beta c)^2}{(24\alpha^2-15\beta^2)^2}$ $\Pi_{S_j}=\frac{\alpha(4\alpha+3\beta)^2(\Phi-\alpha c+\beta c)^2}{(24\alpha^2-15\beta^2)^2}$	$\Pi_{S_i}=\frac{\alpha(4\alpha+3\beta)^2(\Phi-\alpha c+\beta c)^2}{(24\alpha^2-15\beta^2)^2}$ $\Pi_{S_j}=\frac{\alpha(6\alpha+5\beta)^2(\Phi-\alpha c+\beta c)^2}{(24\alpha^2-15\beta^2)^2}$
Π_M	$\Pi_{M_i}=\frac{3\alpha(\Phi-\alpha c+\beta c)^2}{(6\alpha-5\beta)^2}$ $\Pi_{M_j}=\frac{3\alpha(\Phi-\alpha c+\beta c)^2}{(6\alpha-5\beta)^2}$	$\Pi_{M_i}=\frac{2\alpha(\Phi-\alpha c+\beta c)^2}{(4\alpha-3\beta)^2}$ $\Pi_{M_j}=\frac{2\alpha(\Phi-\alpha c+\beta c)^2}{(4\alpha-3\beta)^2}$	$\Pi_{M_i}=\frac{2\alpha(6\alpha+5\beta)^2(\Phi-\alpha c+\beta c)^2}{(24\alpha^2-15\beta^2)^2}$ $\Pi_{M_j}=\frac{3\alpha(4\alpha+3\beta)^2(\Phi-\alpha c+\beta c)^2}{(24\alpha^2-15\beta^2)^2}$	$\Pi_{M_i}=\frac{3\alpha(4\alpha+3\beta)^2(\Phi-\alpha c+\beta c)^2}{(24\alpha^2-15\beta^2)^2}$ $\Pi_{M_j}=\frac{2\alpha(6\alpha+5\beta)^2(\Phi-\alpha c+\beta c)^2}{(24\alpha^2-15\beta^2)^2}$

续表

参数	OO+OO	SO+SO	SO+OO	OO+SO
Π_{SC}	$\Pi_{SC_i}=\frac{5\alpha(\Phi-\alpha c+\beta c)^2}{(6\alpha-5\beta)^2}$ $\Pi_{SC_j}=\frac{5\alpha(\Phi-\alpha c+\beta c)^2}{(6\alpha-5\beta)^2}$	$\Pi_{SC_i}=\frac{3\alpha(\Phi-\alpha c+\beta c)^2}{(4\alpha-3\beta)^2}$ $\Pi_{SC_j}=\frac{3\alpha(\Phi-\alpha c+\beta c)^2}{(4\alpha-3\beta)^2}$	$\Pi_{SC_i}=\frac{3\alpha(6\alpha+5\beta)^2(\Phi-\alpha c+\beta c)^2}{(24\alpha^2-15\beta^2)^2}$ $\Pi_{SC_j}=\frac{5\alpha(4\alpha+3\beta)^2(\Phi-\alpha c+\beta c)^2}{(24\alpha^2-15\beta^2)^2}$	$\Pi_{SC_i}=\frac{5\alpha(4\alpha+3\beta)^2(\Phi-\alpha c+\beta c)^2}{(24\alpha^2-15\beta^2)^2}$ $\Pi_{SC_j}=\frac{3\alpha(6\alpha+5\beta)^2(\Phi-\alpha c+\beta c)^2}{(24\alpha^2-15\beta^2)^2}$

简化后，在四种经营策略的各项参数之间更容易进行比较。对四种模式的运费 p、市场需求 q，以及各方利润Π之间进行比较后，得到以下几个性质。

性质 1 在多式联运服务供应链中，当两条供应链总运输成本相同时，不同经营策略的供应链的价格及市场需求间总有如下的大小关系：

$$p_i^{SO+SO}<p_i^{SO+OO}<p_i^{OO+SO}<p_i^{OO+OO}$$

$$q_i^{OO+OO}+q_j^{OO+OO}<q_i^{SO+OO}+q_j^{SO+OO}=q_i^{OO+SO}+q_j^{OO+SO}<q_i^{SO+SO}+q_j^{SO+SO}$$

即

$$Q_i^{OO+OO}<Q_i^{SO+OO}=Q_i^{OO+SO}<Q_i^{SO+SO}$$

性质 2 在两条供应链总运输成本相同的情况下，无论 a 与 β 之间关系如何，各种策略模式下的多式联运外包商利润间都有如下关系存在：

$$\Pi_{S_i}^{SO+OO}>\Pi_{S_i}^{SO+SO}>\Pi_{S_i}^{OO+OO}>\Pi_{S_i}^{OO+SO}$$

性质 3 在两条供应链总运输成本相同的情况下，当$\alpha>\frac{12+\sqrt{6}}{12}\beta$时，有

$$\Pi_{M_i}^{SO+OO}>\Pi_{M_i}^{SO+SO}>\Pi_{M_i}^{OO+OO}>\Pi_{M_i}^{OO+SO}$$

当$\sqrt{\frac{5(12+\sqrt{6})}{72}}\beta<\alpha<\frac{12+\sqrt{6}}{12}\beta$时，有

$$\Pi_{M_i}^{SO+OO}>\Pi_{M_i}^{OO+OO}>\Pi_{M_i}^{SO+SO}>\Pi_{M_i}^{OO+SO}$$

当$\beta<\alpha<\sqrt{\frac{5(12+\sqrt{6})}{72}}\beta$时，有

$$\Pi_{M_i}^{OO+OO}>\Pi_{M_i}^{SO+OO}>\Pi_{M_i}^{SO+SO}>\Pi_{M_i}^{OO+SO}$$

性质 4 在两条供应链总运输成本相同的情况下，当$\alpha > \frac{15+\sqrt{15}}{14}\beta$时，有

$$\Pi_{SC_i}^{SO+OO} > \Pi_{SC_i}^{SO+SO} > \Pi_{SC_i}^{OO+OO} > \Pi_{SC_i}^{OO+SO}$$

当$\sqrt{\frac{5(15+\sqrt{15})}{84}}\beta < \alpha < \frac{15+\sqrt{15}}{14}\beta$时，有

$$\Pi_{SC_i}^{SO+OO} > \Pi_{SC_i}^{OO+OO} > \Pi_{SC_i}^{SO+SO} > \Pi_{SC_i}^{OO+SO}$$

当$\sqrt{\frac{3(15+\sqrt{15})}{56}}\beta < \alpha < \sqrt{\frac{5(15+\sqrt{15})}{84}}\beta$时，有

$$\Pi_{SC_i}^{OO+OO} > \Pi_{SC_i}^{SO+OO} > \Pi_{SC_i}^{SO+SO} > \Pi_{SC_i}^{OO+SO}$$

当$\beta < \alpha < \sqrt{\frac{3(15+\sqrt{15})}{56}}\beta$时，有

$$\Pi_{SC_i}^{OO+OO} > \Pi_{SC_i}^{SO+OO} > \Pi_{SC_i}^{OO+SO} > \Pi_{SC_i}^{SO+SO}$$

可见，两条供应链均选择 OO 策略时的运费最高，两条供应链均选择 SO 策略时的运费最低；而当两条供应链各自选择不同外包策略时，运费处于中间水平，其中选择 OO 策略的供应链运费定价要高于选择 SO 策略时的定价。分析原因，OO 策略中由于服务全部外包，外包商的存在对于价格竞争起到了一定的缓冲作用。在一个外包商存在的情况下的价格竞争就比两个外包商共同存在的情况下要激烈。

观察市场需求大小，两条供应链都选择 SO 策略时，市场运量最大，两条供应链都选择 OO 策略时，市场运量最小，而两条供应链分别选择不同策略时市场运量处于中间水平。根据市场供应关系，由于 SO+SO 策略的运费最低导致其市场运量最大，而 OO+OO 策略下的运费居高不下导致了其市场需求量很小。而供应链总利润的情况与供应链多式联运经营人方向基本一致，当两条供应链间差异性较大的时候，采用 SO 策略的供应链总利润与多式联运经营人利润较大，而采用 OO 策略的供应链利润值较小；当两条供应链之间差异性较小或接近的时候，采用 OO 策略的供应链总利润和多式联运经营人利润大于采用 SO 策略的供应链。

3.3.2 最优策略分析

对运费 p 进行两两比较后得到的结论是，多式联运经营人选择全部服务外包策略时其运费定价总要高于部分外包策略的定价；对市场需求 q 两两比较后得到的是，多式联运经营人在全部服务外包策略下的市场需求总要低于部分外包策略下的市场需求；而对多式联运供应链中的外包商(即多式联运经营人以外的其他实际承运人) 、多式联运经营人、供应链整体利润进行比较后得到的结果是，各方利润Π的大小并不像运费 p 和市场需求 q 一样大小关系明确，而需要根据具体情况而确定。可见，从上述的结论中并不能简单看出能否协同。

然而，外包商(除多式联运经营人以外的其他实际承运人) 利润函数关系始终明确：$\Pi_{S_i}^{SO+OO} > \Pi_{S_i}^{SO+SO} > \Pi_{S_i}^{OO+OO} > \Pi_{S_i}^{OO+SO}$，$\Pi_{M_i}^{SO+OO}$ 最大意味着当两条供应链分别选择 SO 和 OO 策略时，选择 SO 策略的外包商利润最大，选择 OO 策略的外包商利润最小。此时虽然已出现利润最大值，但这并不是均衡点，因为选择 OO 策略的外包商会因为利润值较小而重新选择 SO 策略，因此 SO+SO 策略为最终的均衡点。

从多式联运经营人角度来看，当两个供应链之间可替代性不强时，α与β相差较大($a > \frac{12+\sqrt{6}}{12} pa$)，$\prod_{M_i}^{SO+OO}$ 最大，$\prod_{M_i}^{SO+SO}$ 位居第二，由于两条供应链中的多式联运经营人都想争取自身 SO 策略，因此 SO+OO 为不稳定状态，最终的均衡结果为 SO+SO。而当两条供应链间可替代性较强($\beta < a < \frac{12+\sqrt{6}}{12}\beta$) 时，$\prod_{M_i}^{OO+OO}$ 为均衡解，OO+OO 策略为多式联运经营人的最佳选择。

从供应链整体利润角度来看，其分析过程与多式联运经营人利润分析的过程相类似，即当两条供应链间可替代性较强($\beta < a < \frac{15+\sqrt{15}}{14}\beta$) 时，OO+OO 为最终的最佳均衡策略；当两条供应链间可替代性较弱时，即当$a > \frac{15+\sqrt{15}}{14}\beta$时，SO+SO 为最佳均衡策略。

因此，从三者共同视角上，有的时候供应链各方利益是一致的，从经营策略上来讲就是可以协同的，而有的时候是不可协同的。

推论 1 当两条供应链之间可替代性较小即 $a > \frac{15+\sqrt{15}}{14}\beta$ 时，多式联运服务供应链中各方利益一致，供应链运营策略可协同，SO+SO 都是最佳策略；而当两条供应链间的可替代性较强时，由于供应链中的各方利益不一致而无法协同。

3.4 本章小结

本章在假设两条供应链总成本相同的基础上，研究了两条二层多式联运供应链的运价、市场需求与利润情况。根据业务是否全部外包，多式联运供应链经营策略可分为 OO+OO、SO+SO、SO+OO 与 OO+SO 四种。采取 OO 策略的供应链其运费总是高于采取 SO 策略的供应链，其市场需求总是不及 SO 策略的供应链需求，其实际运输路段承运人的利润总是高于 OO 策略的供应链。而多式联运经营人与供应链整体利润水平则跟两条供应链之间的替代性相关，当两者替代性较小($a > \frac{15+\sqrt{15}}{14}\beta$) 时，SO 策略中的多式联运经营人利润与供应链整体利润都大于 OO 策略的供应链，SO 为共同最佳策略，经营策略可以协同；而当两者替代性较大时，SO 策略多式联运经营人利润及供应链整体利润小于 OO 策略，无法协同。

第4章　集装箱多式联运服务供应链的路段优化策略

4.1　基本框架

4.1.1 问题描述

集装箱货物多式联运服务供应链的路段优化过程，其实是多式联运供应链中的运输服务合作优化过程，体现为集装箱多式联运承运人以托运人的身份在水、陆、空等多种运输方式系统的复杂业务流程(如图 4.1 所示)中进行的动态优化与合作。

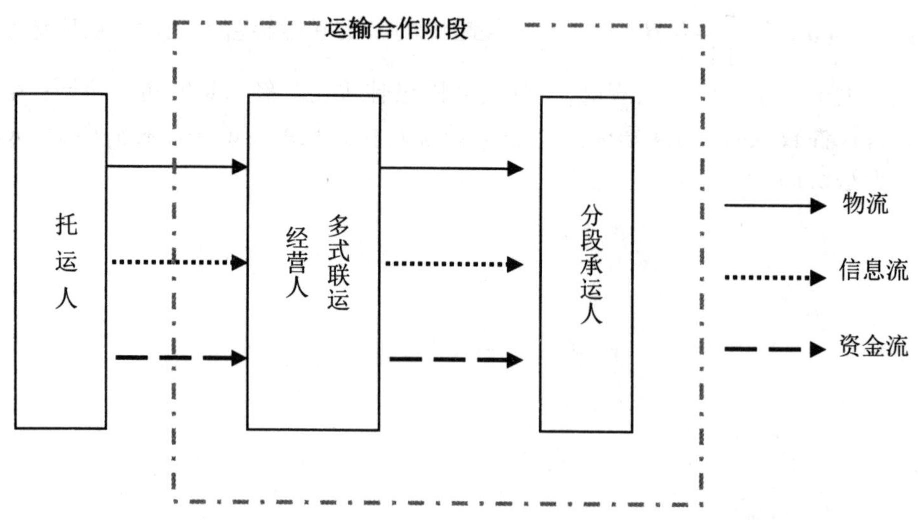

图 4.1　集装箱多式联运服务供应链路段优化的基本框架图

由于运输环节合作的复杂性，使得集装箱多式联运服务供应链的路段优化研究比单一运输服务路径优化研究更加复杂，需要从系统的角度进行层次规划研究。多式联运服务供应链涉及到各种运输方式、运输节点以及中间的仓储、包装、装卸、流通加工、信息传递等环节，合作关系繁杂，仅不同运输方式之间的服务合作及转换(如图 4.2、图 4.3 所示)就已呈现出相当的复杂性。

图 4.2　各种运输方式、节点之间合作的平面图

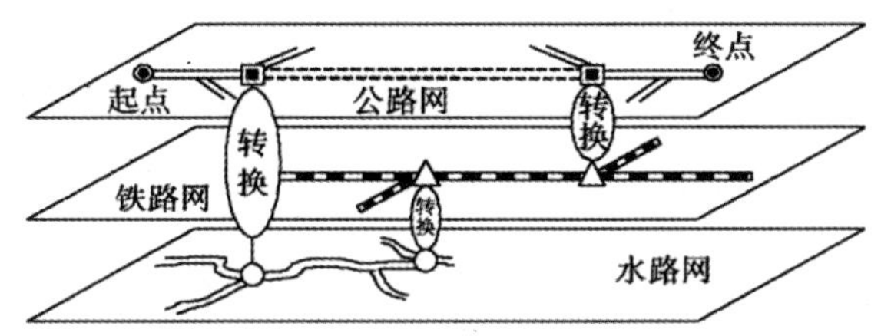

图 4.3　各运网、节点之间合作的立体图

在这个阶段的供应链服务合作中，多式联运经营人充当了托运人的角色，按照实际托运人订单要求，在运输市场中选择各区段运输的服务商；服务提供方是多式联运的区段运输承运人；因此，服务组合优化的框架如图 4.4 所示。

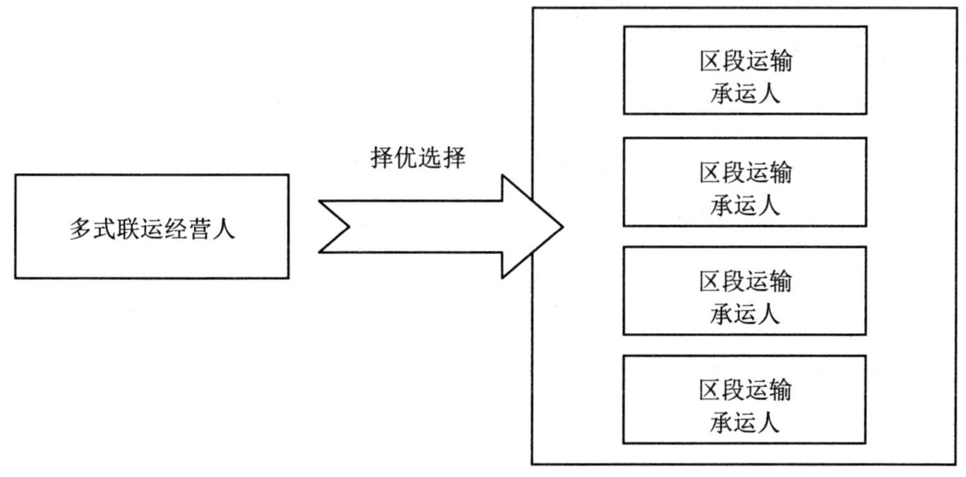

图 4.4　集装箱多式联运服务供应链路段优化的框架

4.1.2 求解思路

将集装箱多式联运分段运输服务采购问题描述为：某集装箱多式联运经营人在某一时间周期内揽到了 n 个订集装箱多式联运的订单，其运力资源为 m 条线路，要求这 n 个订单在其 m 条线路中选择运输，并在规定的时间段内完成运输(将相应的货物送达指定地点)；假设每条线路每天有若干个班次从起点行至终点，每条线路有其固定的运输方式、行驶里程、行驶时间、运输能力限制(数量、重量) 和运输费率(美元/TEU) 等；现需要做出运输安排，确定这 n 个订单的运输线路及运输时间，以便在规定的时间段内将其全部完成。

该集装箱多式联运经营人具体采购分段运输服务时，是根据上一阶段中货主的订单要求来选择分段运输承运人的。经营人就需要对这 n 个托运人订单进行联运安排，从其分段运输的合作伙伴中选择各个订单的运输线路，在规定的时间内完成 n 个订单的运输任务。

针对该问题中具体分段运输服务采购，集装箱多式联运经营人作为托运人，需要根据货主订单中关于交接货物的地点性质和时间的要求，为上一阶段中的实际货主选择合适、合理的各段运输方式，将其集装箱货物连贯地运输，通过多种运输方式的转换，最终送达目的地点。上述过程大致可由图 4.5 的路径——地点衔接的关系图来表述。

对于该图中的集装箱多式联运中分段服务采购优化问题，主要考虑的采购策略为成本效益和连接高效。多式联运经营人从所有托运人订单的角度来选择分段运输的承运人，其追求的目标是全体订单的费用之和最小化以及所有运输衔接的高效化。因此，本章将主要基于路径选择的方法来建立采购优化模型。

基于路径选择方法的优化模型，与以往的最小路径方法有一定区别。从货运生产实践角度出发，在考虑多式联运的衔接问题时，该模型引入了订单在每一运输路段中的空间地点变量和起始时间点变量，使之在时间、空间和运量上都能达到很好的衔接。

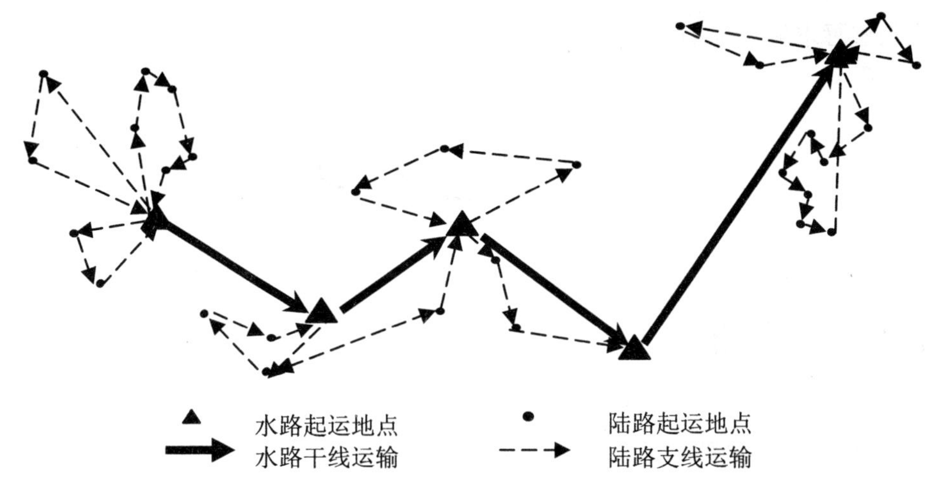

图 4.5　集装箱多式联运的路径——地点衔接示意图

集装箱多式联运经营人所做的运输服务路段优化工作，是根据托运人订单上的运输需求信息(主要是集装箱交接地点、数量、运费率等信息) 做出具体运输服务的分配工作，并对各区段运输承运人做好计划安排。多式联运经营人在选择和确定区段承运人时，主要是考虑运费水平和时间问题。运费水平是衡量其赚取利润多少的重要因素，而时间是衡量其提供的多式联运服务的效率的重要指标。

多式联运可以说是现代集装箱物流网络运作的主体和纽带，是贯穿整个物流活动的主线。在越来越高效化和个性化的市场环境下，多式联运服务服务供应链的合作变得更加重要和复杂。集装箱多式联运经营人要为多个托运人选择运输方式并具体安排运输时间、承运人，需要一种集系统性和科学性于一体的操作方法。通过建立准确、合理的多式联运运输服务合作模型，可改善集装箱多式联运经营人企业的物流服务质量，实现高效、低耗的经济目标，同时提升其企业形象和信誉度。

本章在解决这一问题时，以所有订单运费成本最小为第一优化目标，运输总体效率为第二优化目标，建立了 0-1 混合整数规划模型。模型将各分段运输中的前段运输与后段运输的时间、空间衔接进行了整体优化设计，并根据各变量不同的数据结构以及它们的动态和不确定特性，运用 NCL 语言编程，通过程序控制进行求解和证明。

4.2 参数分析

4.2.1 相关参数

1．组织形式参数

集装箱多式联运，以集装箱为媒介，将水路运输、公路运输、铁路运输、航空运输等运输方式有机地结合起来，这种有机结合不能是简单的海海、陆陆、空空等形式的联运，而是将不同的运输方式结合起来进行联运。同一种运输工具之间的联运方式在组织形式上不属于集装箱多式联运的范畴。作为单一运输方式，海、陆、空以及内河的运输方式均有自身的优点与不足。一般来说，水路运输具有运量大，成本低的优点；公路运输则具有机动灵活，便于实现货物“门到门”运输的特点，铁路运输的主要优点是不受气候影响，可深入和横贯内陆实现货物长距离的准时运输；而航空运输的主要优点是可实现货物的快速运输。由于国际多式联运严格规定必须采用两种或两种以上的运输方式进行联运，因此这种运输组织形式可综合利用各种运输方式的优点，充分体现社会化大生产、大交通的特点。目前，有代表性的集装箱多式联组织形式有海陆联运、陆桥运输、海空联运、陆空联运等。

2．订单参数

托运人订单主要是指集装箱托运单，是托运人根据贸易合同和信用证条款内容填制的，向承运人或其代理办理货物托运的单证。在多式联运中是指总托运单，包含了多式联运的全程，即货物从出发地到目的地的托运信息。订单主要包括发货人、受货人、通知人、前程运输、收货地点、船名、航次、装货港、卸货港、交货地点、目的地、集装箱号、箱数或件数、包装种类与货名、毛重、尺码、集装箱数量、运费与附加费、运费率、预付/到付等信息。对于多式联运的承运人而言，服务供应链路段优化实质上是将某一时间段内的订单需求按各段运输线路上的资源进行排程规划。

3．交接地点参数

集装箱货运实务中，集装箱交接的地点一般分为三种：仓库(门)、堆场(场) 和货运站(站)。经过组合后的交接方式具体包括门到门、门到场、门到站、场到门、场到场、场到站、站到门、站到场、站到站这九种。

托运人订单中的每个集装箱交接地点，应被多式联运网络范围内的节点所覆盖，且具有名称和坐标(X，Y)等属性。为方便建模和求解，在进行地点参数的预处理时，无论是门、场，还是站，都忽略它们之间的短途距离，而使用地点名称来统一定义，即使用字符型的数据类型进行定义，比如：上海、北京等，而非使用某一具体的门、场、站名称进行定义。处理时赋以地点坐标数值信息来具体明确其在地理空间上的位置，并计算各地点之间的距离。

4．运输时间参数

运输时间包括集装箱货物的订舱时间，线路运输起运时间、到达时间，到达时间窗口。集装箱多式联运区段运输服务供应链的时间格式为 YYYY-MM-DD HH:MM，表示 YYYY 年 MM 月 DD 日的 HH:MM 时刻。在时间数值的处理上，日期、班次时刻表和运输时间段在进行计算时都将被转换成数据值。比如某条线路每天有两个班次：08:00 和 10:00，将它们按照距离 0:00 的分钟数换算成当天的时间数据，换算后其在数据库中的数据值为{480，600}。由于存在多种运输方式和多个运输环节，除正常运输时间外，多式联运服务的时间数据还应包括集港、装卸、仓储等时间。为简化问题，本书在对时间衔接问题的规划中，假定各分段线路的运输时间中已涵盖了上述操作所用时间。时间窗口是为满足托运人个性化服务需求而设定的最早接货时间和最晚接货时间。

5．运输线路参数

运输线路主要描述从某起始地点指向某目的地点的路径，如：北京→上海。通过对线路上的属性信息(如线路起讫地点、运费成本、运输时间、运输班次安排、运输工具、运输线路长度、线路最大能力等) 进行分析，可以描述各运输线路情况。运输方式则表示某一段线路的运输方式为水运、公路运输还是铁路运输。由于本书研究的集装箱范围为 20 英尺和 40 英尺的标准集装箱，不包括特殊集装箱，因此航空运输方式不被考虑在内。在多式联运服务排程的决策过程中，为了符合实际情况，本书在设计运输线路数据库时将运输线路与运输方式之间的关系做成多对多的映射关系，即一条运输线路可以对应着多种运输方式，同时一种运输方式下则可能有多个运输线路。比如，在北京到天津这一路段，多式联运经营人可以选择使用卡车来运输集装箱，也可以选择铁路运输的方式。对于铁路运输这种运输方式，“上海→北京”路段可以采用，其他路段(如“西安→天津”路段) 也可以采用。排程决策主要是根据成本、时效以及衔接状况等决定选择哪种运输方式和运输路线。

6．运费参数

运费率，表示某一段线路的集装箱运费水平，包括基本运费和附加运费两部分，单位为人民币。附加运费是为了弥补基本运费的不足而收取的附加费，可以按每一计费单位(如 TEU) 加收，也可以按基本运费(或其他规定的费用) 的一定比例来收取。由于本书中的区段运输环境都是班轮装卸条款下的运输，因此多式联运的基本运费中其实已经包含了装卸费、管理费等费用。在本书对成本的计算中，各分段线路的运费数据中也已经包含了上述装卸操作费用和附加费用，因此不需要重复计算其他成本。

4.2.2 相关数据结构

由于多式联运服务供应链的合作涉及的路径、地点、订单数据比较多，本章在建立优化模型时，各已知数据主要是通过数据库的方式引入。由于使用了 Access 数据库，因此需要对各数据项的数据结构进行定义。

本章中使用的数据库共有五个：订单数据库、线路数据库、地点数据库、运输计划数据库和优化参数配置数据库。前三个为基础数据库，是优化迭代的基础数据来源；运输计划数据库为优化结果的数据输出数据库；优化参数配置数据库则用于对优化目标和系统变量进行设计。

下面通过表格简单说明这五个数据库及其数据结构。

1．订单数据库及其变量数据结构

表 4.1　订单信息的数据库结构

字段名(变量名)	类型	变量描述及解释
id	字符型	主键，订单编码
date0	数值型	订单下达日期 格式为“YYYY-MM-DD”如“2018-06-28”
time0	数值型	订单下达时间 如：1439 对应 23:59
date1	数值型	最早到达日期 格式为“YYYY-MM-DD”
time1	数值型	最早到达时间 如：1439 对应 23:59
date2	数值型	最晚到达日期 格式为“YYYY-MM-DD”
time2	数值型	最晚到达时间 如：1439 对应 23:59
Mode	字符型	订单可选运输模式，包括：ship(轮船) 、rail(火车) 和 truck(卡车) 。如果为“空”的话，就说明对运输模式没有限制。默认值为“空”
teu	数值型	订单中的集装箱数量
wgt	数值型	订单中的集装箱重量
idSite1	字符型	订单起点编码
idSite2	字符型	订单终点编码
IdRouteFixed	字符型	固定的线路编码集合
valid	数值型	是否参加计划安排，0：不参加，1：参加，默认为 1

订单数据通过运输计划信息数据库中的 idOrder 进行编码定义，同时指出订

单的其他信息属性，如时间信息(订单下达日期 date0、订单要求的最早到达日期 date1、订单要求的最早到达时刻 time1、订单要求的最晚到达日期 date2)、订单要求的最晚到达时刻 time2、订单可选运输模式(mode) 、订单中的集装箱信息(teu、wgt) 、订单起点(idSite1) 、订单终点(idSite2) 、固定的线路集合(idroutefixed) 等。

2．地点数据库及其变量数据结构

表 4.2　地点信息数据库结构

字段名	类型	变量描述及解释
id	字符型	主键，地点编码
name	字符型	地点名称
x	数值型	地点 x 坐标
y	数值型	地点 y 坐标

地点数据以其他数据库中的 idSite 做标识，其具体位置通过 x 坐标和 y 坐标进行标识。在计算地点间距离时，可通过坐标信息进行近似计算。

3．线路数据库及其变量数据结构

表 4.3　线路信息的数据库结构

字段名(变量名)	类型	变量描述及解释
id	字符型	主键，订单编码
idSite1	字符型	线路起点编码
idSite2	字符型	线路终点编码
mileage	数值型	线路长度，以公里为单位
time	数值型	线路运输时间，以分钟为单位
Schedule	字符型	固定的班次编码集合
mode	字符型	线路运输方式，ship：轮船，rail：火车，truck：卡车
costTeu	数值型	运费率
carrier	字符型	承运人名称
capacityTeu	数值型	线路货物运输能力：数量
capacityWgt	数值型	线路货物运输能力：重量
ShiftCancelled	字符型	取消的班次
valid	数值型	线路是否有效，0：无效，1：有效，默认为 1

线路数据使用运输计划信息数据库中的 idRoute 进行编码标识。线路数据中有起始地点(idSite1、idSite2) 、里程长度(mileage) 、线路运输时间(time) 、固定班次集合(Schedule) 、线路运输方式(mode) 、线路运费率(costTeu) 、线路承运人(carrier) 、线路运量能力(capacityTeu、capacityWgt)以及取消的班次(ShiftCancelled) 。

4. 运输计划数据库及其变量数据结构

表 4.4 运输计划信息数据库结构

字段名(变量名)	类型	变量描述及解释
idOrder	字符型	订单编码
cost	数值型	订单运输费用
idRoute	字符型	运输线路编码
dateShift	数值型	运输线路班次日期 格式为“YYYY-MM-DD”
timeShift	数值型	运输线路班次时间 如：1439 对应 23:59

运输计划数据库与订单数据库有所区别。作为优化结果的数据输出数据库，它主要包含订单(idOrder) 、订单运费(cost) 、已选择的运输线路(idRoute) 、已选择的运输线路班次日期/时间(dateShift、timeShift) 等数据信息。

5. 优化参数配置数据库及其变量数据结构

表 4.5 优化参数配置数据库结构

字段名(变量名)	类型	变量描述及解释
objective1	字符型	优化目标 1，所有运单费用之和最小
objective2	字符型	优化目标 2，所有运单运输效率之和最大
bounding1	字符型	边界限制目标 1
bounding2	字符型	边界限制目标 2
stepObj1	数值型	优化目标 1，优化步长
stepObj2	数值型	优化目标 2，优化步长
valueBnd1	数值型	边界限制目标 1 上界
valueBnd2	数值型	边界限制目标 2 上界

续表

字段名(变量名)	类型	变量描述及解释
maxTime	数值型	最大计算时间(秒)
timeDay	数值型	每天的分钟数 如：1440 对应 24 小时
timeUnit	数值型	每个时间单元的分钟数
dateToday	数值型	计划开始日期

优化参数配置数据库，用于对优化目标和系统变量进行设计，包括优化目标(objective1、objective2)、边界限制目标(bounding1、bounding2)、优化步长(stepObj1、stepObj2)、边界限制目标上界(valueBnd1、valueBnd2)、最大计算时间(秒)(maxTime)、每天的分钟数(timeDay)、每个时间单元的分钟数(timeUnit)、计划开始日期(dateToday) 等数据项。

4.3 基本假设

4.3.1 问题假设

集装箱多式联运应当使用至少两种不同的运输方式对集装箱货物进行流通，对其进行优化是为了按照科学、合理的流程有效地组织运输，将遍布各地的集装箱货物使用不同的运输方式经由最佳的运输路径送达目的地，并减少中间储存和中转时间，从而使客户获得最佳的运输路线、最短的运输时间、最高的运输效率、最安全的运输保障和最低的运输成本。

集装箱多式联运实际路段优化问题可以描述为：假定有 n 个订单，要通过 m 条线路在规定的时间段内完成(将相应的集装箱送达指定地点)。每条线路每天有若干个班次从起点行至终点。每条线路有其固定的运输方式、行驶里程、行驶时间、运输容量(标准箱和载重吨)、运输费率。现需要多式联运承运人做出运输安排，以总运输费用最小为优化目标，确定这 n 个订单的运输线路及运输时间，以便在规定的时间段内将其全部完成。该路段优化问题可以用图 4.6 来表示。

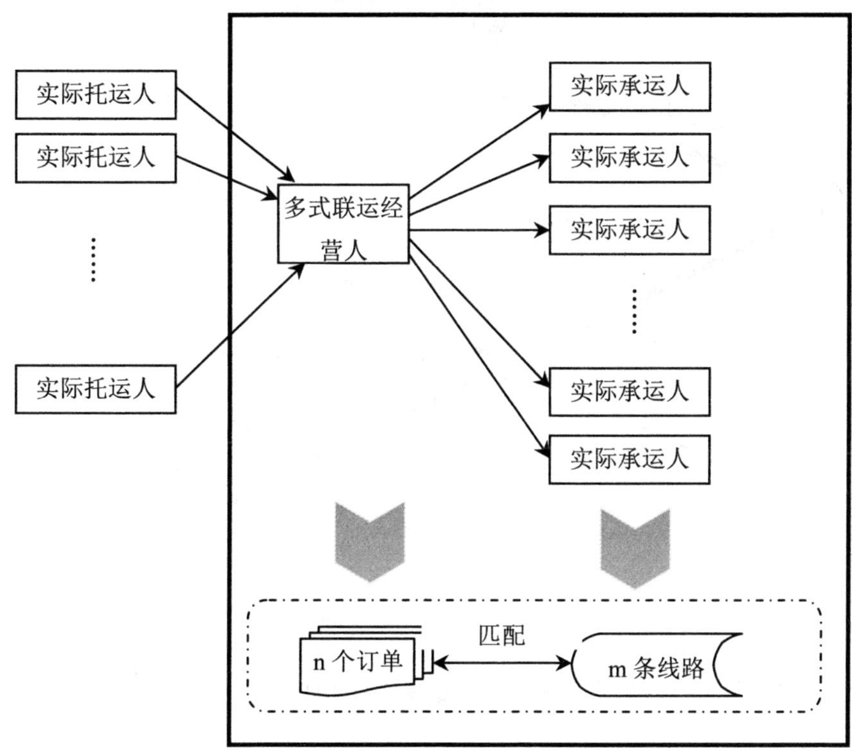

图 4.6　集装箱多式联运供应链路段优化问题框架图

假设某集装箱多式联运承运人有 n 个运单，m 个运输路段可供选择，每个路段 j 有 K_j 个发运时刻，运输费用为 c_j，最大装箱量为 CQ_j，最大载重量为 CW_j，运输时间为 t_j。运单 i 的发运时间是从这 m 个运输路段的共 $\sum_{j\in\{1,m\}} K_j$ 个发运时刻中选取的，其发货数量表示为 q_i，质量表示为 w_i，发货地点为 O，接货地点为 D，要求集装箱货物到达目的地点的时间满足时间窗[$t1_i$，$t2_i$]。

为了使运单的终止路段在时间和空间上也能满足上述链接约束，需要在运单多式联运的运输区段上作一下特殊处理，即对于任意运单增加一个虚拟的路段作为终止路段的后续路段。这样，集装箱运单的实际终止路段也存在下一程路段的概念，在时间和地点的衔接上也就满足前后路段之间的所有时间和空间约束。运单拟增加的虚拟路段的起点与运单实际终止路段的终点相同，起运时间晚于运单在终止路段上的到达时间。上述处理过程如图 4.7 所示。

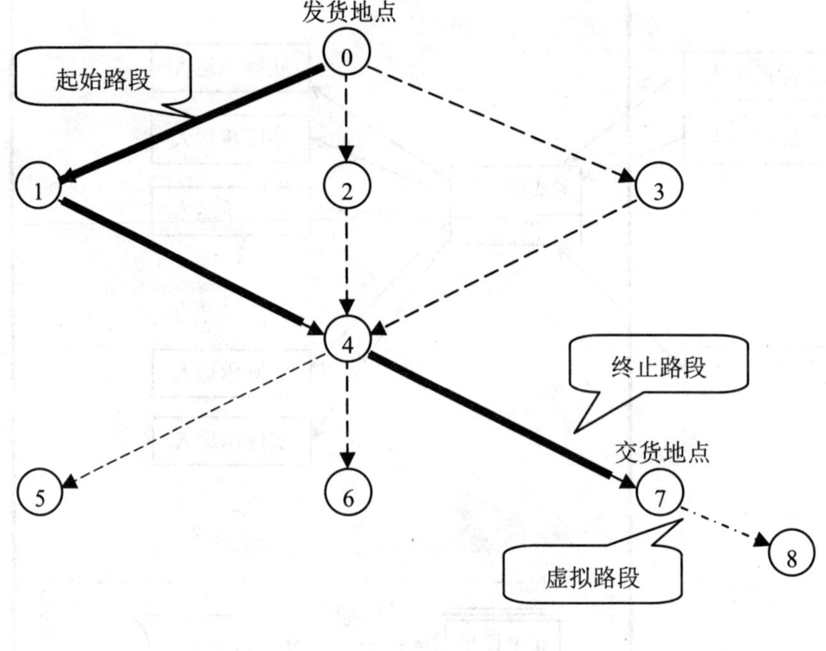

图 4.7　拟增的虚拟路段图示

4.3.2 条件假设

(1) 假定多式联运中的集装箱货物都是整箱货，并按照货物性质(重货、轻货)的不同选择“小柜”或“大柜”进行运输，计数单位都是标准集装箱，即全部为 20 英尺集装箱和 40 英尺集装箱。

(2) 在多式联运中，存在多个运输环节，使用多种运输方式，成本计算相当复杂。该优化问题的研究是在班轮运输条件下进行的，因此所给出的运费中已经包含了装卸费、管理费等，这些费用不需重复计入。

(3) 除正常运输时间外，多式联运服务时间还应包括集港、装卸、仓储等时间。同样，为了方便计算，在班轮运输的条件下，可以近似认为本优化问题中的运输时间参数已经涵盖了上述操作所用的时间。

(4) 集装箱货物的实际起运时间由多式联运承运人来具体安排。一般情况下，多式联运承运人拿到托运人的订单后，在条件允许时应尽快安排运输。本书假定其最早起运时间为计划运输日期的后一天。

(5) 在多式联运优化中，假定所有托运人的订单都要给予运输安排，即在优化过程中不能抛弃托运人的订单。

(6) 假设订单是不可分割的，即同一个托运人的订单在同一个路段上只能分派给某一承运人的某一个航次，不能拆分成多个分订单分批运输，在模型约束上设计为相同路段上，不同时间出发的班次上运送的订单不能相同。

4.4　优化的原则与要素

4.4.1 优化原则

集装箱多式联运作为货物运输的一种较高组织形式，集中了各种运输方式的特点，扬长避短，可实现无缝运输和合理化运输的目的。我国在国民经济和社会发展“十一五”规划纲要中就已明确提出要加强各种运输方式的衔接，实现货运的“无缝衔接”，这就对集装箱多式联运运输服务采购提出了更高的要求。近年来，随着运输市场的激烈竞争，高效率的现代多式联运成为现代物流业发展的重要组成部分，基于互联网技术的电子订舱成为多式联运服务适应经济全球化发展的新趋势，集装箱多式联运进入了高速发展的新阶段。

对于每一个具体的多式联运需求来说，一般都包括以下四个方面的内容：一是流量，即运输的需求量，指运输需求的规模大小和数量的多少，常以货运量(吨)来表示；二是流向，即货物空间位移的地理走向；三是流程，即运输需求的距离，指货物进行空间位移的起讫点之间的空间长度；四是流时，即运输所需的时间，指起运的时间与运达的时间以及两者间的时间长度。因此，集装箱多式联运服务的采购应当考虑到运输的需求，遵循“5R”原则，做到规范化地择优采购。“5R”原则是指以下五个原则。

1．适时原则

集装箱多式联运服务需求基本上是一种派生需求，因为集装箱货物位移需求的目的不是位移本身，而是为了实现生产或者生活中的其他需求，比如生产产品的需求、销售产品的需求等。因此，集装箱多式联运服务往往因为生产需求或消费需求的时限性要求，而具有了时限性的要求。集装箱多式联运服务是在特定的时间、空间等条件下，消费者才愿意购买的服务。由于商品市场千变万化，货主对多式联运服务的起止时间要求各不相同，各种货物对运输速度的要求也相差甚远。

2．适地原则

在进行多式联运运输服务时，应当从托运人角度考虑问题，要根据集装箱运输需求的具体起运地点，选择距离较近、运输方便的承运人对其货物进行运输。无论是在运输工具和承运人的选择上，还是在集装箱空箱调运上，适地原则都对对托运人的运输成本有着很大的影响。一般地，在空箱不足的情况下，往往是从本地港口或邻近港口调来集装箱装载货物。在选择承运人和运载工具时，往往要遵循就近原则，以降低运输工具和集装箱空载造成的成本浪费。

3．适价原则

应当遵循经济合理性的原则，根据当前市场行情进行合理的服务采购。由于国际市场瞬息万变，国内外物流运输市场的运费率也经常受到影响而产生波动，因此把握即时服务采购的适价原则并非易事。多式联运的供给具有部分可替代性，比如北京→上海→南京的集装箱多式联运需求可以由北京→上海的铁路运输加上上海→南京的公路运输来完成，也可以由北京→天津的公路运输加上天津→上海的海运运输再加上上海→南京的公路运输来完成，当然还有其他方式的多式联运安排。在满足集装箱货物时间窗口的条件下，集装箱多式联运在运输方式和价格选择上具有一定的灵活性。这也为承运人根据实际的集装箱运载情况配载运输提供了便利，使得承运人能够在运输市场中能够提供适当合理的运费率。另一方面，托运人可以通过成立评估小组、多渠道获得报价、比价、议价、招标等方式来实现适价选择。

5. 适质原则

集装箱多式联运应当根据集装箱货物实际运输的线路、地点和时间窗等要求，适当地选择运输工具和承运人。不同运输方式在运费率、运输安全、运输效率、便利性等方面具有很大差别，集装箱托运人在选择承运人和运输方式时应当充分考虑这些要素，选择性价比较高的承运人。承运人的服务质量主要可以通过专家打分、客户评价或企业花名册排序等方法来评估。

5. 适量原则

由于运输需求具有非储存性，这就要求在多式联运服务的采购工作中，应当以实际运输需求为参考，适当地进行订舱。由于集装箱多式联运涉及到不同种类的集装箱(大柜、小柜、高柜) ，其属性值各不相同，因此在进行服务采购时应当充分考虑集装箱尺寸和货物重量等属性，把握好订舱数量。由于目前运输市场中以马士基为代表的航运公司已开始实施提前订舱享受运费折扣的销售策略，运输需求的分析工作也成为适量订舱的重要内容。应当根据运输计划和需求规律，分析相关因素，做好集装箱多式联运的提前订舱工作。

4.4.2 优化要素

在选择集装箱多式联运服务供应链的成员时，主要考虑以下六个采购要素。

1. 运输成本要素

运费率的高低在很大程度上决定了整个多式联运采购行为的成功与否。实际上，在多式联运中，集装箱货物的交接地点从港口向内陆延伸，这使得运输经营人的责任和风险扩大到内陆港口、货运站、货主工厂或仓库等内陆地点，也使得集装箱多式联运的采购成本组成更为复杂。包括海运运费、内陆集疏运费、堆场服务费、货运站服务费、港口中转费、集装箱及设备使用费、装卸费、保险费、保管费以及其他可归属于多式联运成本的费用均以包干费的形式体现出来，共同构成了集装箱运输服务的成本要素。

2. 运输环节要素

在集装箱的多式联运组织中，由于货物交接地点的限制，往往需要使用至少两种不同的运输方式进行集装箱货物的流通，这就必然会涉及到多个运输环节。在多式联运的运输环节问题上，应当考虑到：每增加一次运输，不仅会增加起运的运费和总运费，还会增加运输的附属活动，比如装卸、包装等。因此，应尽量减少集装箱在多式联运中的运输环节，尤其是同类运输环节，做到合理化运输。

3. 运输时间要素

运输是物流过程中花费较多时间的环节，因此，对运输时间的控制对集装箱整个流通时间的缩短有决定性的作用。例如。在我国的铁路运输中，由于运力会优先满足客运需求，在集装箱货物的运输过程中，有可能因为运力不足而将集装箱平板车卸到某中转站，临时改挂客运车厢，待下次列车有空闲运力时再继续集装箱的运输。在多式联运方式中，运输时间是由多个运输环节和方式决定的。集装箱货主可以根据实际要求设定送达时间窗，以保证其正常的生产经营活动。

4. 运输工具要素

在多式联运中，运输工具选择得合适与否决定了运输时间的长短，也决定了运输成本的高低。各种运输工具都有其优势领域，比如船舶运输的优势在于运量大、费用低，适合沿海线路运输；铁路运输的速度较快，适合较长距离的铁路沿线运输；公路运输的灵活性强，适合“门到门”运输，但运输距离半径有限。在集装箱多式联运中，应当按照运输工具的特点安排运输作业，充分发挥不同运输工具的优势，科学地组织各种运输方式之间的衔接工作，这是集装箱科学合理化运输的重要一环。

5．运输线路要素

运输线路主要由集装箱运输需求的起讫地点来决定。运输的起点和终点的连线可以是一条运输线路，也可以由多条运输线路组成。路线的选择主要由运输成本和时间等要素来决定。货主企业可以通过最短路或最短时间的方法选择一条运输线路完成货物的运输，也可以在运达时间允许的情况下，选择另外一种或几种运输方式。通过选择不同的运输线路，货主企业可以节省运输费用。

6．运输距离要素

运输距离要素是由集装箱货物运输的实际发货地点和收货地点决定的。在集装箱的多式联运过程中，由于转运操作和路段可达性的问题，集装箱的实际运输距离一般要超过发货地点和收货地点之间的直线距离。

4.4.3 优化逻辑约束

根据前两节的分析，多式联运优化问题与一般最短路问题的不同之处在于它涉及到了多个运输路段与多种运输方式，因此，优化模型的建立不仅需要从最短路问题的角度进行研究，还应当考虑运输方式、转运地点等未定量化的因素。比如：在时间允许的情况下，某集装箱多式联运供应链选择海铁联运的方式可能比公铁联运的方式更为节约成本。

另外，路段地点的衔接也是多式联运优化问题中的难点之一，要求所选择的多式联运服务中前一路段的终点要与后一路段的起点相同，这就需要将地点数据库中的数据结构进行串联规划。

基于约束规划的理论建立集装箱多式联运优化模型时，逻辑关系发挥着极其重要的作用。在多式联运服务合作中，主要的约束条件由以下四方面构成。

(1) 空间约束(订单所走路径约束)：对于同一订单来说，选择的路线要满足所经过的路段的起点和终点必须首尾相接的条件，即订单 i 的起点终点要与集合 $\mathrm{RouteOrder}_i$ 中元素构成的运输路径的起点终点相同。

(2) 时间约束：问题的可行解不仅要满足时间窗口的约束，也要满足单个订单的运输时间先后顺序的约束。

(3) 能力约束：对于路段 j 的班次上运输的所有的订单有运输能力的限制，即处于路段 j 的班次上运输的订单的数量、重量之和必须小于这个路线(班次) 的最大运输数量和最大运输重量能力。

(4) 隐含约束：对于 $\forall i \in \{1, \cdots, m\}$,订单的路线集合中的不同的路段的下一段路不能相同；在路段组合的集合中，不同路段不能有相同的前一段路；相同路段上不同时间出发的班次上运送的订单不能相同。

对于货物在时间和空间上的链接问题，本章在算法上引入了前后路段的变量，通过逻辑规划对前后路段的运输地点和交接时间做排序约束，后一路段的起点 O 必须等于前一路段的终点 D，后一路段的开始运输时间必须迟于前一路段的到达时间。特别地，订单的起始路段起点应与订单发货地点相同，起始路段的发货时间应与订单发货时间相等，订单的终止路段终点应与订单的收货地点相同，终止路段的收货时间应与订单的收货时间相等，处于交货时间窗口内。

4.5 数学模型

在此多式联运各路段服务的供应链问题中，运单 i 的路段数量未知，设为 L_i，显然 $L_i \leqslant m$。运单 i 从起点实际出发的时间和到达终点的时间也是未知的，设为 $T1^*_i$ 和 $T2^*_i$，另外，由于路线不确定，运单 i 在其中间运输路段中的起点、终点、起运时刻、到达时刻都不确定，设其在第 $l_i(l_i \in \{1, \cdots, L_i\})$个路段中的起点为 $S1_{i,l_i}$，终点为 $S2_{i,l_i}$，开始运输的时刻为 $T1_{i,l_i}$，到达时刻为 $T2_{i,l_i}$，为强化集装箱多式联运各段运输无缝衔接的作用，将多式联运所有路段的总运费之和最低设为第一优化目标，将总时间效率最高设为第二优化目标。

该分段服务供应链的优化模型可以描述为：

$$\min \sum_{t=1}^{K} \sum_{j=1}^{n} \sum_{i=1}^{m} c_j \cdot q_i \cdot x_{ijt} \tag{4.1}$$

$$\min \sum_{i=1}^{m} (T2_{i,L_i} - T2_{i,1}) \tag{4.2}$$

$$s.t. \quad x_{ij} = \begin{cases} 1, & \text{运单}i\text{由路段}j\text{来承运} \\ 0, & \text{否则} \end{cases} \tag{4.3}$$

$$y_{ijt} = \begin{cases} 1, & \text{运单}i\text{由路段}j\text{的第}t\text{个时刻开始运输} \\ 0, & \text{否则} \end{cases} \tag{4.4}$$

$$x_{ij} = \sum_{t=1}^{K_j} y_{ijt}\text{，} \forall i \in \{1,\cdots,n\},\ j \in \{1,\cdots,m\} \tag{4.5}$$

$$\sum_{j=1}^{m} x_{ij} = L_i\text{，} \forall i \in \{1,\cdots,n\} \tag{4.6}$$

$$S1_{i,1} = \mathrm{O}_i,\ \forall i \in \{1,\cdots,n\} \tag{4.7}$$

$$T1_{i,1} = T1^*_i\text{，} \forall i \in \{1,\cdots,n\} \tag{4.8}$$

$$S2_{i,L_i} = \mathrm{D}_i,\ \forall i \in \{1,\cdots,n\} \tag{4.9}$$

$$T2_{i,L_i} = T2^*_i\text{，} \forall i \in \{1,\cdots,n\} \tag{4.10}$$

$$S1_{i,j} \neq S1_{i,j+1}\text{，} \forall j \in \{1,\cdots,L_i\}\text{，} i \in \{1,\cdots,n\} \tag{4.11}$$

$$S2_{i,j} \neq S2_{i,j+1}\text{，} \forall j \in \{1,\cdots,L_i\}\text{，} i \in \{1,\cdots,n\} \tag{4.12}$$

$$T1_{i,j} \neq T1_{i,j+1}\text{，} \forall j \in \{1,\cdots,L_i\}\text{，} i \in \{1,\cdots,n\} \tag{4.13}$$

$$S1_{i,j+1} = S2_{i,j}\text{，} \forall j \in \{1,\cdots,L_i\}\text{，} i \in \{1,\cdots,n\} \tag{4.14}$$

$$T1_{i,j+1} \geqslant T2_{i,j}\text{，} \forall j \in \{1,\cdots,L_i\}, i \in \{1,\cdots,n\} \tag{4.15}$$

$$T2_{i,j} = T1_{i,j} + t_j - 1\text{，} \forall j \in \{1,\cdots,L_i\}\text{，} i \in \{1,\cdots,n\} \tag{4.16}$$

$$t1_i \leqslant T2_{i,L_i} \leqslant t2_i \text{，} \forall i \in \{1,\cdots,n\} \tag{4.17}$$

$$\sum_{i=1}^{n} q_i \cdot y_{ijt} \leqslant CQ_j \text{，} \forall t \in \{1,\cdots,K_j\} \text{，} j \in \{1,\cdots,m\} \tag{4.18}$$

$$\sum_{i=1}^{n} w_i \cdot y_{ijt} \leqslant CW_j \text{，} \forall t \in \{1,\cdots,K_j\} \text{，} j \in \{1,\cdots,m\} \tag{4.19}$$

式(4.1)～(4.19)中的各符号含义如下：

K_j：路段 j 的发运时刻数量；

K：所有路段的发运时刻数量之和，即 $K=\sum_{j\in\{1,m\}} K_j$；

c_j：路段 j 的运费率；

CQ_j：路段 j 的最大集装箱数量运载能力，单位为 TEU；

CW_j：路段 j 的最大重量运载能力，单位为吨；

t_j：路段 j 的运输时间；

q_i：托运人订单 i 中要求运输的集装箱数量；

w_i：托运人订单 i 中要求运输的集装箱货物重量；

O_i：托运人订单 i 的发货地点；

D_i：托运人订单 i 的接货地点；

$t1$：集装箱货物送达时间的下限；

$t2_i$：集装箱货物送达时间的上限；

L_i：托运人订单 i 的区段数量；

$T1^*_i$：托运人定单 i 从发货地点发货的实际时间；

$T2^*_i$：托运人定单 i 到达接货地点的实际时间；

$S1_{i,l_i}$：托运人定单 i 在第 l_i ($l_i \in \{1,\cdots,L_i\}$)个路段中的起点变量，l_i ($l_i \in \{1,\cdots,L_i\}$)；

$S2_{i,l_i}$：托运人定单 i 在第 l_i ($l_i \in \{1,\cdots,L_i\}$)个路段中的终点变量，l_i ($l_i \in \{1,\cdots,L_i\}$)；

$T1_{i,l_i}$：托运人定单 i 在第 $l_i(l_i \in \{1,\cdots,L_i\})$个路段中的开始运输的时刻；

$T2_{i,l_i}$：托运人定单 i 在第 $l_i(l_i \in \{1,\cdots,L_i\})$个路段中的到达时刻。

式(4.1)～式(4.19)各式中的约束含义解释如下：

式(4.1)为第一层目标函数，优化目标为所有运单运费之和最小。

式(4.2)为第二层目标函数，优化目标为所有运单运费之和最小。

式(4.3)为 0−1 变量约束，定义运单 i 是否由路段 j 来承担运输任务。

式(4.4)为 0−1 变量约束，定义运单 i 是否由路段 j 的发运时刻 k_j 承担运输任务。

式(4.5)为逻辑约束，定义 0−1 变量 x_{ij} 和 y_{ijt} 之间的关系，表示如果运单 i 由路段 j 的发运时刻 k_j 承担，则意味着运单 i 一定是由路段 j 来承担；如果运单 i 由路段 j 来承担，则运单 i 一定是由路段 j 的某一个发运时刻 k_j 承担，且此时的 k_j 有且只有一个。

式(4.6)定义了运单 i 所选路段的个数，即在集装箱多式联运中对于运单 i 所安排的区段数。

式(4.7)表示运单 i 的各个运输区段中，在其起始路段上的起点应当与运单 i 的发货地点相同。

式(4.8)表示运单 i 的各个运输区段中，在其起始路段上的发运时刻应当与运单 i 的起运时间相等。

式(4.9)表示运单 i 的各个运输区段中，在其终止路段上的终点应当与运单 i 的接货地点相同。

式(4.10)表示运单 i 的各个运输区段中，在其终止路段上的到达时刻应当与运单 i 的到达时间相等。

式(4.11)表示在运单 i 的各个运输区段中，不同运输路段的起点不相同。

式(4.12)表示在运单 i 的各个运输区段中，不同运输路段的终点不相同。

式(4.13)表示在运单 i 的各个运输区段中，货物在不同的运输路段中的发运时间不相同。

式(4.14)表示在运单 i 的各个运输区段中，货物在前一运输路段上的终点必须要与后一运输路段的起点相同。

式(4.15)表示在运单 i 的各个运输区段中，货物在前一运输路段上的到达时间必须要迟于其在后一运输路段上的起运时间。

式(4.16)表示货物在任一运输路段上的到达时间，在数值上等于其在该路段上的起运时间加上运输时间再减去 1。

式(4.17)表示运单 i 在其终止运输路段上的到达时间须满足时间窗要求。

式(4.18)和式(4.19)为路段的运输能力限制，分别表示路段任一时刻的集装箱装载数量和重量不能超过路段自身的能力限制。

通过上述对集装箱多式联运优化问题的分析和建模，可知其优化模型除了具有非线性的特点外，还存在链接式排序的问题。在使用最短路问题的思路对上述模型求解的同时，还要考虑时间、空间的链接问题，即所谓的“串联关系”的问题。使用一般的解算软件求解上述问题时，很难对于地点和时间的链接进行描述，并且求解非线性问题的效率也不高。要克服这个弱点，就需要采用人工智能逻辑对模型进行搜索和求解。

4.6 算法设计

4.6.1 目标函数设计

集装箱多式联运使用至少两种不同的运输方式对集装箱货物进行流通，其优化问题是指如何按照科学、合理的流程将不同的运输方式有效地组织起来，将遍布各地的集装箱货物经由最佳的运输路径送达目的地，尽可能减少中间储存和中转时间，从而使客户获得最佳的运输路线、最短的运输时间、最高的运输效率、最安全的运输保障和最低的运输成本。

集装箱多式联运问题的优化，要求通过建立准确、合理的多式联运模型来实现高效、低耗的物流运输目标。在基于路径选择的集装箱多式联运运输服务供应链中，由于多式联运经营人长期从事多式联运的营运业务，对于各区段承运人的信誉属性比较了解，可以不必考虑信誉属性对运输服务的影响；另外，由于区段承运人的运输方式固定、航线固定，因此运网能力属性也不必考虑。多式联运经营人在拿到托运人订单后，针对订单要求选择多式联运区段服务，最重要的考虑因素一定是运输费用，也就是成本高低；其次，为了发挥多式联运无缝衔接的优势，服务效率，尤其是总体上的效率也很重要。因此，在集装箱供应链的优化过程中，设计了两个优化目标函数。

两个目标函数按照优先度排序如下：

第一目标，总运输成本最低：

$$\min \sum_{o \in ORDER} costOrder_o$$

第二目标，总时间最少：

$$\min \sum_{o \in ORDER} (t2LastRouteOrder_o - t1FirstRouteOrder_o)$$

4.6.2 数据设计

该服务供应链中，路段的组合优化算法上主要涉及以下三大类数据：

第一类：托运人运单的相关数据。主要包括：运单号、订单下达时间、到达时间窗口、所选联运方式、运输箱量、货物总重量、起始发货地点、最终到达地点、所选择的路线组合。

第二类：分段运输线路的相关数据。主要包括：线路编号、起点、终点、里程、运输时间、发车时刻表、运输方式、承运人名称、运费率、班次最大载箱量、班次最大载重量。

第三类：转运地点的相关数据。主要包括：地点编号，地点名称、x 坐标、y 坐标。

下面根据前面所构建的组合优化模型，以式(4.1)和式(4.2)为目标函数，通过集合规划对所建立的非线性优化模型进行算法设计。优化模型中的 0-1 变量 x_{ij} 表示运单 i 是否选择路段 j，在算法模型中使用集合变量 RouteOrder 表示，即将所有 x_{ij} 为 1 的承运人放入集合 RouteOrder 中。y_{ijt} 则表示运单 i 选择路段 j 时刻表中

的第 t 个时刻进行运输，由于时刻选择的唯一性，因此在算法模型中使用数值(非集合) 变量 shiftRouteOrder 表示。整个模型将所有数据分为九组进行定义。

(1) 定义时刻表和班次数据类。定义数据类变量 SCHEDULE，表示线路的集合，定义数据类变量 SHIFT，表示运输班次的集合。

(2) 定义某订单的行驶线路变量(待求变量) $RouteOrder_o$ 和线路上的订单变量(对偶变量) $OrderRoute_r$。

(3) 定义路段班次上的时间：$ShiftRoute_r$ 为路段的班次，$t1shift_s$ 和 $t2shift_s$ 分别为路段班次 $TimeShiftRoute_{r,s}$ 的发运时间和到达时间，$timeRoute_r$ 为路段班次的时间长度约束。

(4) 定义班次集合变量 SHIFT 与发运时刻表集合变量 SCHEDULE。

(5) 定义路段的启用班次集合(模糊变量) $ActiveShiftRoute_r$ 以及订单使用路段的班次所运输的订单集合 $OrderShiftRoute_{r,s}$。

(6) 定义以某地点 $Site_i$ 为起点的路段集合 $RouteOriginalSite_i$ 和以某地点 $Site_i$ 为终点的路段集合 $RouteDestinationSite_i$。

(7) 定义以某地点 $Site_i$ 为起点的订单集合 $OrderOriginalSite_i$ 和以某地点 $Site_i$ 为终点的订单集合 $OrderDestinationSite_i$，定义流出某点的订单指针集合。

(8) 定义订单在多式联运中选择初始路段变量 $firstRouteOrder_o$ 和终止路段变量 $lastRouteOrder_o$，定义以订单起点为起点的路段集合 $RouteOriginalSite_{idSite1Order_o}$、以订单终点为终点的路段集合 $RouteDestinationSite_{idSite1Order_o}$、虚拟路段 $sinkOrder_o$。

(9) 定义订单的运输方式 $modeRouteOrder_{o,r}$，路段的运输方式 $modeRoute_r$，订单使用的运输方式集合 $ModeOrder_o$ 。

(10) 定义运输能力：$teuShiftRoute_{r,s}$ 为班次箱量能力，$wgtShiftRoute_{r,s}$ 为班次载重能力。

4.6.3 逻辑约束设计

(1) 时刻表与班次数据之间的约束逻辑：时刻表数据包含所有的班次数据；

(2) 订单的行驶线路和线路上的订单为对偶变量；

(3) 限制路段班次时间段的发运时间和到达时间构成路段班次的用时区间：订单在某路段上的运输时间等于该路段上某班次的运输时间，起始于订单从该路段的出发时间，终止于该路段的到达时间，订单在分段线路上运输的时间长度等于该路段上某班次的用时长度；

(4) 路段的启用班次集合(模糊变量) 能够覆盖该路段上订单的运输班次,订单使用路段的班次所运输的订单集合应当包含该订单，路段上承运的订单应当包含路段启用班次运输的订单，同时规定一旦启用路段上某班次就等价于该路段班次有货物订单承运；

(5) 同一路段不同时刻运行任务中的订单是不同的；

(6) 以某地点 $Site_i$ 为起点的路段集合与流出某点的订单集合间通过订单指针集合发生逻辑关系，以某地点 $Site_i$ 为终点的路段集合与流入某点的订单集合也通过订单指针集合发生逻辑关系；

(7) 订单的初始路段包含在订单的路段集合中，又包含在以订单起点为起点的路段集合中，订单终止路段既包含在订单路段集合中，又包含在以订单终点为终点的路段集合中；

(8) 订单开始运输的时间与初始路段起运时间相等，订单到达时间与终止路段的到达时间相等，要求订单的送货时间早于其开始运输的时间；

(9) 订单起运地点与其初始路段的起点相同，订单终止地点与其终止路段的终点相同；

(10) 前后路段时间上要求前路段到达时间小于后路段开始时间，前后路段地点衔接上要求前路段终点等同于后路段起点；

(11) 订单所选运输方式由路段来决定，订单使用的运输方式集合包含其分段路段指向的运输方式；

(12) 运输能力和班次箱量能力上的约束，同时流出(或流入) 某点的所有订单的箱量和重量可能也会受到限制。

4.6.4 搜索策略设计

搜索策略一：搜索具有瓶颈性质的变量 $lastRouteOrder_o$。

按照如下顺序对非集合变量 $lastRouteOrder_o$ 进行搜索：

(1) 集装箱数量较多的运单；

(2) 线路组合不确定性较小的订单；

(3) 各线路组合中可选终止路段较少的订单；

(4) 订单时间窗要求比较紧张的订单；

(5) 与运单的目的地点相同的线路；

(6) 运价较低的线路；

(7) 箱量总和较少的线路；

(8) 用时较少的线路；

(9) 里程数较小的线路；

(10) 各个线路的第一个发运时刻；

(11) 可使用班次数量较少的订单线路；

(12) 实际使用的班次不确定性最小的线路。

搜索策略二：搜索核心变量 $RouteOrder_o$：

按照如下顺序对集合 $RouteOrder_o$ 进行查询搜索：

(1) 运单线路组合不确定性最小的运单；

(2) 时间窗时间上限最小的运单；

(3) 集装箱数量较大的运单；

(4) 可以成为终止路段的线路；

(5) 运费率较低的线路；

(6) 线路的第一个发运时刻；

(7) 装载集装箱数量之和较小的线路；

(8) 耗时较短的线路；

(9) 里程数较小的线路；

(10) 实际使用的班次不确定性最小的线路；

(11) 可使用班次数量较少的订单线路。

搜索策略三：搜索核心变量 $shiftRouteOrder_{o,r}$：

按照如下顺序对非集合变量 $shiftRouteOrder_{o,r}$ 进行查询搜索：

(1) 箱量较大的订单；

(2) 运输环节较少的订单；

(3) 运输顺序较小运单线路；

(4) 遗憾度较小的订单，即最小遗憾度准则，选择值域的最大分枝进行搜索；

(5) 订单域非确定性较小的线路班次。

对上述算法设计思路，可使用自然约束语言建立模型进行搜索和求解，它的求解框架图可以简单描述为图 4.8。

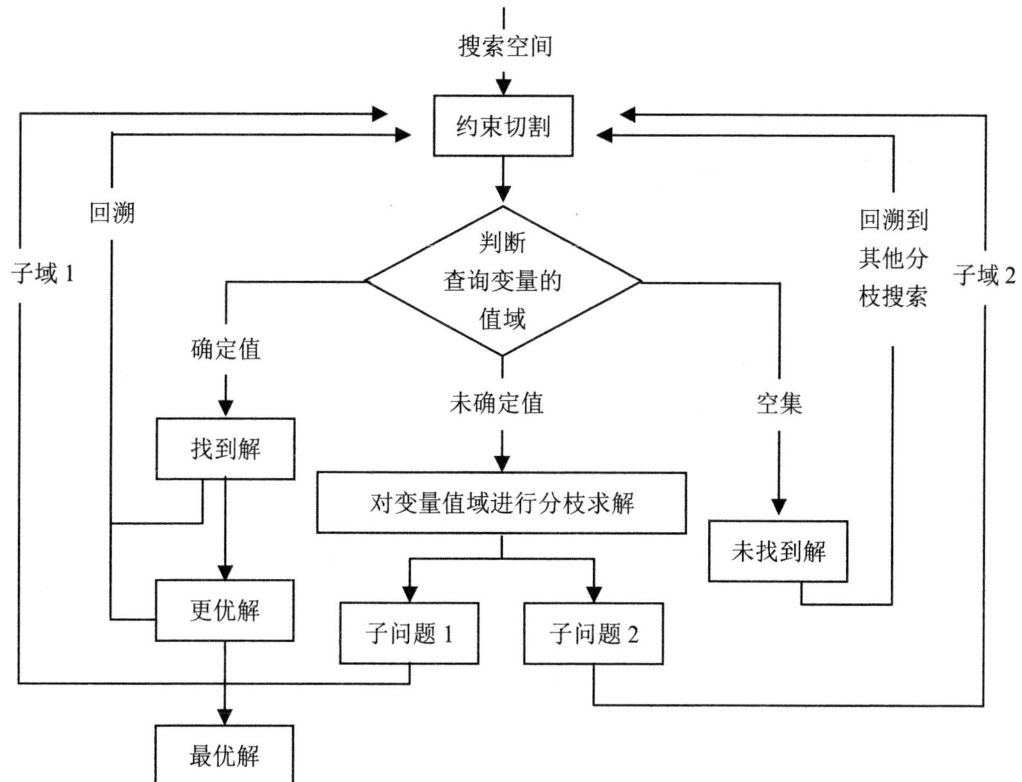

图 4.8　虚拟最优投标组合的求解框架

4.7 算例分析

4.7.1 问题描述及相关数据

集装箱多式联运路段优化问题一般是很复杂的问题，当可选路段数据组合很多的情况下，问题的迭代求解过程相当费时。为了验证问题、解决思路以及提高算法的适用性，本章算例研究将针对具有 37 个地点、30 个订单，以及 110 个线路的较大数据问题进行测算。

假设地点数据见表 4.6，订单数据见表 4.7，线路数据见表 4.8。

表 4.6　运输地点数据

id	name	x	y	id	name	x	y
001	“北京”	29092098	9981184	020	“南昌”	28976394	7163929
002	“上海”	30370817	7810908	021	“长沙”	28246303	7048297
003	“哈尔滨”	31663688	11435951	022	“福州”	29823713	6518070
004	“长春”	31329231	10971072	023	“台北”	30379907	6260224
005	“沈阳”	30853403	10450436	024	“广州”	28313549	5782973
006	“呼和浩特”	27917018	10204478	025	“澳门”	28386758	5550207
007	“天津”	29297742	9784591	026	“香港”	28543085	5570268
008	“太原”	28142650	9466401	027	“海口”	27584800	5010854
009	“石家庄”	28621629	9512011	028	“南宁”	27077049	5707335
010	“济南”	29244089	9166509	029	“昆明”	25677812	6260710
011	“银川”	26567909	9616655	030	“贵阳”	26676761	6644687
012	“西宁”	25446296	9154622	031	“重庆”	26639249	7390113
013	“兰州”	25948316	9015013	032	“成都”	26018850	7666514
014	“西安”	27234922	8564955	033	“拉萨”	22784267	7414765

续表

id	name	x	y	id	name	x	y
015	“郑州”	28414936	8688213	034	“乌鲁木齐”	21901752	10949367
016	“合肥”	29320051	7964773	035	“苏州”	30153322	7827437
017	“南京”	29693708	8013792	036	“绵阳”	26186151	7866846
018	“杭州”	30037517	7574906	037	“深圳”	28529022	5636620
019	“武汉”	28571634	7644372				

表 4.7　订单数据

id	t0	t1	t2	Mode	teu	wgt	idSite1	idSite2
001	2010-06-20 09:44	2010-06-28 09:00	2010-07-01 18:00	{}	2	20	001	033
002	2010-06-20 11:52	2010-06-29 09:00	2010-06-30 18:00	{}	2	20	001	034
003	2010-06-20 22:48	2010-06-30 09:00	2010-07-04 18:00	{}	3	23	001	032
004	2010-06-20 22:53	2010-06-30 09:00	2010-07-03 18:00	{}	6	59	001	032
005	2010-06-20 22:55	2010-06-30 09:00	2010-07-04 18:00	{}	4	34	001	034
006	2010-06-21 19:43	2010-06-27 09:00	2010-07-01 18:00	{}	1	9	001	033
007	2010-06-17 19:43	2010-06-27 09:00	2010-07-02 18:00	{}	1	10	001	033
008	2010-06-14 15:13	2010-06-28 09:00	2010-07-03 18:00	{}	3	23	001	031
009	2010-06-17 20:32	2010-06-27 09:00	2010-07-02 18:00	{}	6	60	001	035
010	2010-06-17 20:34	2010-06-27 09:00	2010-07-04 18:00	{}	3	29	001	033
011	2010-06-16 09:10	2010-06-29 09:00	2010-07-01 18:00	{}	8	54	001	035
012	2010-06-13 02:33	2010-06-30 09:00	2010-07-02 18:00	{}	19	130	002	034
013	2010-06-12 10:11	2010-06-30 09:00	2010-07-03 18:00	{}	5	49	002	005

续表

id	t0	t1	t2	Mode	teu	wgt	idSite1	idSite2
014	2010-06-11 07:02	2010-07-01 09:00	2010-07-05 18:00	{}	4	39	002	005
015	2010-06-13 09:54	2010-06-29 09:00	2010-07-03 18:00	{}	2	20	002	034
016	2010-06-16 09:22	2010-06-29 09:00	2010-07-05 18:00	{}	4	25	002	034
017	2010-06-13 10:54	2010-06-29 09:00	2010-07-03 18:00	{}	3	24	002	005
018	2010-06-15 11:11	2010-06-30 09:00	2010-07-03 18:00	{}	1	9	002	034
019	2010-06-15 17:02	2010-06-30 09:00	2010-07-04 18:00	{}	6	55	007	017
020	2010-06-14 15:22	2010-06-28 09:00	2010-07-01 18:00	{}	4	40	007	017
021	2010-06-13 02:33	2010-06-27 09:00	2010-07-01 18:00	{}	19	130	007	017
022	2010-06-12 06:11	2010-06-27 09:00	2010-07-04 18:00	{}	5	50	007	023
023	2010-06-11 07:02	2010-06-30 09:00	2010-07-03 18:00	{}	4	40	007	023
024	2010-06-21 08:32	2010-06-28 09:00	2010-07-02 18:00	{}	4	40	007	023
025	2010-06-21 16:54	2010-06-29 09:00	2010-07-03 18:00	{}	8	104	007	023
026	2010-06-21 10:15	2010-06-30 09:00	2010-07-04 18:00	{}	7	70	007	018
027	2010-06-19 15:12	2010-06-29 09:00	2010-07-04 18:00	{}	2	12	007	018
028	2010-06-20 09:54	2010-06-27 09:00	2010-07-03 18:00	{}	2	13	007	018
029	2010-06-17 15:12	2010-06-27 09:00	2010-07-01 18:00	{}	2	13	007	035
030	2010-06-20 07:32	2010-06-30 09:00	2010-07-01 18:00	{}	2	14	007	035

表 4.8　区段运输线路数据

id	id-Site1	id-Site2	mile-age	time	Schedule	mode	carrier	cost	volume	deadWgt
A001	003	005	490	1180	{10:00, 18:00}	truck	UPS	250	20	200
A002	003	005	490	1180	{10:00, 18:00}	truck	Sinotrans	245	20	200
A003	002	035	84	940	{10:00, 16:00, 18:00}	truck	UPS	150	20	200
A004	002	035	84	940	{10:00, 16:00, 18:00}	truck	Sinotrans	145	20	200
A005	002	018	200	1060	{10:00, 16:00, 18:00}	truck	Sinotrans	180	20	200
A006	032	031	150	1000	{10:00, 14:00, 18:00}	truck	Sinotrans	150	20	200
A007	031	032	150	1000	{10:00, 16:00, 18:00}	truck	Sinotrans	200	20	200
A008	007	001	120	980	{10:00, 16:00, 18:00}	truck	Sinotrans	150	20	200
A009	002	018	200	1060	{10:00, 16:00, 18:00}	truck	Sinotrans	180	20	200
A010	032	031	150	1000	{10:00, 16:00, 18:00}	truck	UPS	150	20	200
A011	032	036	250	1090	{10:00, 16:00, 18:00}	truck	Sinotrans	200	20	200
A012	030	029	340	1160	{10:00, 16:00, 18:00}	truck	UPS	150	20	200
A013	031	030	500	1300	{10:00, 18:00, 18:00}	truck	Sinotrans	255	20	200
A014	031	030	500	1300	{10:00, 18:00, 18:00}	truck	UPS	255	20	200
A015	001	007	120	180	{10:00, 18:00, 18:00}	truck	Chinashipping	150	20	200
A016	001	007	101	180	{10:00, 18:00, 18:00}	truck	Sinotrans	150	20	200
B017	007	024	1910	3970	{07:00, 20:00}	ship	Chinashipping	60	200	1600
B018	037	027	603	1160	{08:00, 20:00}	ship	Sinotrans	50	200	1700
B019	002	037	1343	4690	{07:00, 20:00}	ship	Chinashipping	60	200	1600
B020	002	037	1343	5690	{08:00, 20:00}	ship	Sinotrans	60	200	1700

续表

id	id-Site1	id-Site2	mile-age	time	Schedule	mode	carrier	cost	volume	deadWgt
B021	007	002	1133	5440	{07:00, 20:00}	ship	Chinashipping	60	200	1600
B022	007	002	1133	5440	{08:00, 20:00}	ship	Sinotrans	60	200	1700
B023	024	002	1308	5570	{07:00, 20:00}	ship	Chinashipping	60	200	1600
B024	024	002	1308	5570	{08:00, 20:00}	ship	Sinotrans	60	200	1700
B025	037	027	603	4160	{07:00, 20:00}	ship	Chinashipping	50	200	1600
B026	002	023	670	4360	{07:00, 20:00}	ship	Chinashipping	50	200	1600
B027	002	007	1133	5440	{08:00, 20:00}	ship	Chinashipping	60	200	1700
B028	019	021	300	3660	{07:00, 20:00}	ship	Chinashipping	50	200	1600
B029	019	021	300	3660	{08:00, 20:00}	ship	Sinotrans	50	200	1700
B030	037	027	603	4160	{07:00, 20:00}	ship	Chinashipping	50	200	1600
B031	037	027	603	4160	{08:00, 20:00}	ship	Sinotrans	50	200	1700
B032	002	023	670	4360	{07:00, 20:00}	ship	Chinashipping	50	200	1600
B033	002	023	670	4360	{07:00, 20:00}	ship	Sinotrans	50	200	1700
C034	007	005	1910	3870	{19:00, 18:00}	rail	ChinaTrain	200	20	180
C035	007	024	1910	3870	{09:00, 18:00}	rail	SCLog	195	20	150
C036	024	032	1390	3100	{08:30, 18:00}	rail	ChinaTrain	150	20	180
C037	024	032	1390	3100	{09:00, 18:00}	rail	SCLog	145	20	150
C038	024	014	1528	3165	{19:00, 18:00}	rail	ChinaTrain	170	20	180
C039	024	014	1528	3165	{19:00, 18:00}	rail	SCLog	165	20	180
C040	024	019	873	2800	{10:30, 18:30}	rail	ChinaTrain	120	20	180
C041	024	019	873	2800	{09:00, 15:00, 19:00}	rail	SCLog	115	20	150
C042	003	007	1190	2930	{13:00, 18:00}	rail	ChinaTrain	140	20	180
C043	003	002	1854	3800	{13:30, 19:30}	rail	ChinaTrain	190	20	180

续表

id	id-Site1	id-Site2	mile-age	time	Schedule	mode	carrier	cost	volume	deadWgt
C044	003	002	1854	3800	{10:00, 18:00}	rail	SCLog	185	20	150
C045	031	001	1640	3650	{13:00, 15:00, 19:00}	rail	ChinaTrain	180	20	180
C046	031	001	1640	3650	{10:00, 18:00}	rail	SCLog	175	20	150
C047	031	024	1188	2130	{09:00, 20:00}	rail	ChinaTrain	140	20	180
C048	031	024	1188	2130	{09:30, 18:00}	rail	SCLog	140	20	150
C049	002	031	1537	3170	{09:30, 15:30}	rail	ChinaTrain	170	20	180
C050	031	002	1537	3170	{10:00, 18:00}	rail	ChinaTrain	170	20	180
C051	031	029	649	2470	{13:00, 15:00}	rail	ChinaTrain	120	20	180
C052	031	029	649	2470	{13:00, 19:00}	rail	SCLog	120	20	150
C053	017	001	981	2910	{13:00, 17:00}	rail	ChinaTrain	130	20	180
C054	002	017	981	2910	{10:00, 17:00}	rail	ChinaTrain	130	20	180
C055	017	024	1255	3136	{13:00, 19:00}	rail	ChinaTrain	150	20	180
C056	017	024	1255	3136	{13:00, 18:00}	rail	SCLog	150	20	150
C057	017	031	1305	3145	{13:00, 18:00}	rail	ChinaTrain	150	20	180
C058	017	031	1305	3145	{10:00, 18:00}	rail	SCLog	145	20	150
C059	017	009	857	2600	{13:00, 18:00}	rail	ChinaTrain	120	20	180
C060	017	009	857	2600	{10:00, 18:00}	rail	SCLog	120	20	150
C061	037	027	603	2570	{09:30, 15:30}	rail	ChinaTrain	120	20	180
C062	001	034	2842	4240	{09:00, 19:00}	rail	ChinaTrain	250	20	180
C063	001	034	2842	4240	{09:00, 18:00}	rail	SCLog	245	20	150
C064	001	002	1463	3320	{09:00, 19:00}	rail	ChinaTrain	170	20	180
C065	001	002	1463	3320	{09:00, 18:00}	rail	SCLog	165	20	150
C066	001	032	2042	4040	{09:00, 19:00}	rail	ChinaTrain	220	20	180

续表

id	id-Site1	id-Site2	mile-age	time	Schedule	mode	carrier	cost	volume	deadWgt
C067	001	032	2042	4040	{09:00, 18:00}	rail	SCLog	215	20	150
C068	001	002	1463	3320	{09:00, 19:00}	rail	ChinaTrain	150	20	180
C069	001	002	1463	3320	{09:00, 18:00}	rail	SCLog	150	20	150
C070	001	031	2042	4760	{09:00, 19:00}	rail	ChinaTrain	220	20	180
C071	001	031	2042	4760	{09:00, 18:00}	rail	SCLog	215	20	150
C072	002	029	2699	4760	{09:00, 19:00}	rail	ChinaTrain	240	20	180
C073	002	029	2699	4760	{09:00, 11:00}	rail	SCLog	235	20	150
C074	002	032	1600	5480	{09:00, 19:00}	rail	ChinaTrain	180	20	180
C075	002	032	1600	5480	{09:00, 18:00}	rail	SCLog	175	20	150
C076	002	037	1343	4760	{09:00, 19:00}	rail	ChinaTrain	150	20	180
C077	002	037	1343	4760	{09:00, 18:00}	rail	SCLog	150	20	150
C078	024	002	1308	3320	{09:00, 19:00}	rail	ChinaTrain	150	20	180
C079	024	002	1308	3320	{09:00, 18:00}	rail	SCLog	150	20	150
C080	024	032	1200	4760	{09:00, 19:00}	rail	ChinaTrain	140	20	180
C081	024	032	1200	4760	{09:00, 18:00}	rail	SCLog	135	20	150
C082	024	019	1000	4760	{09:00, 19:00}	rail	ChinaTrain	130	20	180
C083	024	019	1000	4760	{09:00, 18:00}	rail	SCLog	125	20	150
C084	002	003	1854	3800	{09:00, 19:00}	rail	ChinaTrain	185	20	180
C085	002	003	1854	3800	{09:00, 18:00}	rail	SCLog	185	20	150
C086	031	001	1640	4280	{09:00, 19:00}	rail	ChinaTrain	180	20	180
C087	031	001	1640	4280	{09:00, 18:00}	rail	SCLog	180	20	150
C088	031	002	2537	5000	{09:00, 19:00}	rail	ChinaTrain	250	20	180
C089	031	002	2537	5000	{09:00, 18:00}	rail	SCLog	245	20	150

续表

id	id-Site1	id-Site2	mile-age	time	Schedule	mode	carrier	cost	volume	deadWgt
C090	031	029	700	2960	{09:00, 19:00}	rail	ChinaTrain	120	20	180
C091	031	029	700	2960	{09:00, 18:00}	rail	SCLog	115	20	150
C092	017	001	1000	3320	{09:00, 19:00}	rail	ChinaTrain	130	20	180
C093	017	001	1000	3320	{09:00, 18:00}	rail	SCLog	120	20	150
C094	001	006	660	2840	{09:00, 19:00}	rail	ChinaTrain	120	20	180
C095	001	006	660	2840	{09:00, 18:00}	rail	SCLog	115	20	150
C096	017	031	1308	3320	{09:00, 19:00}	rail	ChinaTrain	150	20	180
C097	017	031	1308	3320	{09:00, 18:00}	rail	SCLog	150	20	150
C098	001	034	2842	5240	{09:00, 19:00}	rail	ChinaTrain	270	20	180
C099	001	034	2842	5240	{09:00, 18:00}	rail	SCLog	265	20	150
C100	032	033	1010	3320	{09:00, 19:00}	rail	ChinaTrain	130	20	180
C101	032	033	1010	3320	{09:00, 18:00}	rail	SCLog	125	20	150
C102	007	037	2367	5040	{09:00, 19:00}	rail	ChinaTrain	240	20	180
C103	017	002	981	2910	{10:00, 17:00}	rail	ChinaTrain	130	20	180
C104	017	002	981	2910	{10:00, 17:00}	rail	SCLog	125	20	180
C105	001	017	981	2910	{13:00, 17:00}	rail	ChinaTrain	130	20	180
C106	001	017	981	2910	{13:00, 17:00}	rail	SCLog	125	20	180
C107	017	035	770	2350	{10:00, 17:00}	rail	ChinaTrain	110	20	180
C108	017	035	770	2350	{10:00, 18:00}	rail	SCLog	110	20	200
C109	035	017	770	2350	{10:00, 16:00}	rail	ChinaTrain	110	20	200
C110	035	017	770	2350	{10:00, 18:00}	rail	SCLog	110	20	200

4.7.2 求解结果

通过算法设计及求解，可得到一共需要采购 59 个分段运输计划，组合以后共有 15 个运输路段，求解结果见表 4.9 和表 4.10。

表 4.9 运输计划计算结果

运输计划	订单号	运费	线路	起运日期	起运时间
1	001	430	C067	2010-06-23	09:00
2	001	250	C101	2010-06-26	09:00
3	002	490	C063	2010-06-26	18:00
4	003	645	C067	2010-06-24	09:00
5	004	1290	C067	2010-06-24	09:00
6	005	980	C063	2010-06-26	18:00
7	006	215	C067	2010-06-23	09:00
8	006	125	C101	2010-06-26	09:00
9	007	215	C067	2010-06-23	09:00
10	007	125	C101	2010-06-26	09:00
11	008	645	C071	2010-06-25	09:00
12	009	750	C106	2010-06-23	13:00
13	009	660	C107	2010-06-28	10:00
14	010	645	C067	2010-06-24	18:00
15	010	375	C101	2010-06-27	18:00
16	011	1000	C106	2010-06-23	13:00
17	011	880	C107	2010-06-28	10:00
18	012	2850	A008	2010-06-27	10:00
19	012	1140	B027	2010-06-23	08:00
20	012	4655	C063	2010-06-28	09:00
21	013	300	B027	2010-06-24	08:00
22	013	1000	C034	2010-06-28	18:00
23	014	240	B027	2010-06-24	08:00
24	014	800	C034	2010-06-28	18:00
25	015	300	A008	2010-06-27	16:00

续表

运输计划	订单号	运费	线路	起运日期	起运时间
26	015	120	B027	2010-06-23	20:00
27	015	490	C063	2010-06-28	18:00
28	016	600	A008	2010-06-27	16:00
29	016	240	B027	2010-06-23	20:00
30	016	980	C063	2010-06-28	18:00
31	017	180	B027	2010-06-24	08:00
32	017	600	C034	2010-06-28	18:00
33	018	150	A008	2010-06-27	10:00
34	018	60	B027	2010-06-23	08:00
35	018	245	C063	2010-06-28	09:00
36	019	360	B021	2010-06-23	20:00
37	019	780	C054	2010-06-27	15:00
38	020	240	B021	2010-06-23	20:00
39	020	520	C054	2010-06-27	15:00
40	021	1140	B021	2010-06-24	20:00
41	021	2470	C054	2010-06-28	15:00
42	022	300	B021	2010-06-24	20:00
43	022	250	B033	2010-06-28	20:00
44	023	240	B021	2010-06-24	20:00
45	023	200	B033	2010-06-28	20:00
46	024	240	B021	2010-06-24	20:00
47	024	200	B033	2010-06-28	20:00
48	025	480	B017	2010-06-24	20:00
49	025	400	B033	2010-06-28	20:00
50	026	420	B021	2010-06-24	20:00
51	026	1260	A009	2010-06-28	16:00
52	027	120	B021	2010-06-24	20:00
53	027	360	A009	2010-06-28	16:00
54	028	120	B021	2010-06-24	20:00
55	028	360	A009	2010-06-28	16:00
56	029	300	B021	2010-06-23	20:00
57	029	120	A003	2010-06-27	16:00
58	030	300	B021	2010-06-23	20:00
59	030	120	C054	2010-06-27	16:00

表 4.10　分段运输服务的路段组合结果

编号	线路	起始地点	终止地点	发运日期	发运时间	订单运量(TEU)	运载订单
1	A003	上海	苏州	2010-06-27	16:00	2	029
2	A008	天津	北京	2010-06-27	10:00	20	012 018
3	A008	天津	北京	2010-06-27	16:00	6	015 016
4	A009	上海	杭州	2010-06-28	16:00	11	026 027 028
5	B017	天津	广州	2010-06-24	20:00	8	025
6	B021	天津	上海	2010-06-23	20:00	14	019 020 029 030
7	B021	天津	上海	2010-06-24	20:00	43	021 022 023 024 026 027 028
8	B027	上海	天津	2010-06-23	08:00	20	012 018
9	B027	上海	天津	2010-06-23	20:00	6	015 016
10	B027	上海	天津	2010-06-24	08:00	12	013 014 017
11	B033	上海	台北	2010-06-28	20:00	21	022 023 024 025
12	C034	天津	沈阳	2010-06-28	18:00	12	013 014 017
13	C054	上海	南京	2010-06-27	15:00	10	019 020
14	C054	上海	南京	2010-06-27	16:00	2	030
15	C054	上海	南京	2010-06-28	15:00	19	021

从上述结果可以看出，集装箱多式联运经营人从托运人的角度对分段运输服务的采购进行了有效的组合优化，将订单集中安排到从 2010-06-23 到 2010-06-28 共六天时间内，使分段运输服务的采购计划经过优化后达到了最佳采购组合状态。

对于上述集装箱多式联运分段运输采购的结果，通过 NCL 算法模型设计后，在 POEM 平台做出的可视化图中可以更直观地看到路段优化后的成效。

(1) 运输计划汇总。如图 4.9 和图 4.10 所示。

(2) 线路、订单、地点衔接情况，如图 4.11～图 4.13 所示。

(3) 订单排程情况，如图 4.14 所示。

(4) 线路排程情况，如图 4.15 所示。

File View Zoom Tools Help

OrderPlan

订单运输计划

	编号	起点	终点	数量	费用	运输线路
1	001	北京	拉萨	2	680	T066 T100
2	002	北京	乌鲁木齐	2	490	T062
3	003	北京	成都	3	645	T066
4	004	北京	成都	6	1290	T066
5	005	北京	乌鲁木齐	4	980	T062
6	006	北京	拉萨	1	340	T066 T100
7	007	北京	拉萨	1	340	T066 T100
8	008	北京	重庆	3	645	T070
9	009	北京	苏州	6	2160	C003 C014 S020
10	010	北京	拉萨	3	1020	T066 T100
11	011	北京	苏州	8	3360	C003 C015 S016 S022
12	012	上海	乌鲁木齐	19	9405	T053 T062 T092
13	013	上海	沈阳	5	2625	T033 T041 T083
14	014	上海	沈阳	4	2100	T033 T041 T084
15	015	上海	乌鲁木齐	2	990	T053 T062 T092

Load data object <> : Data 6 columns, 30 rows <> 1 values

图 4.9　订单运输计划汇总图

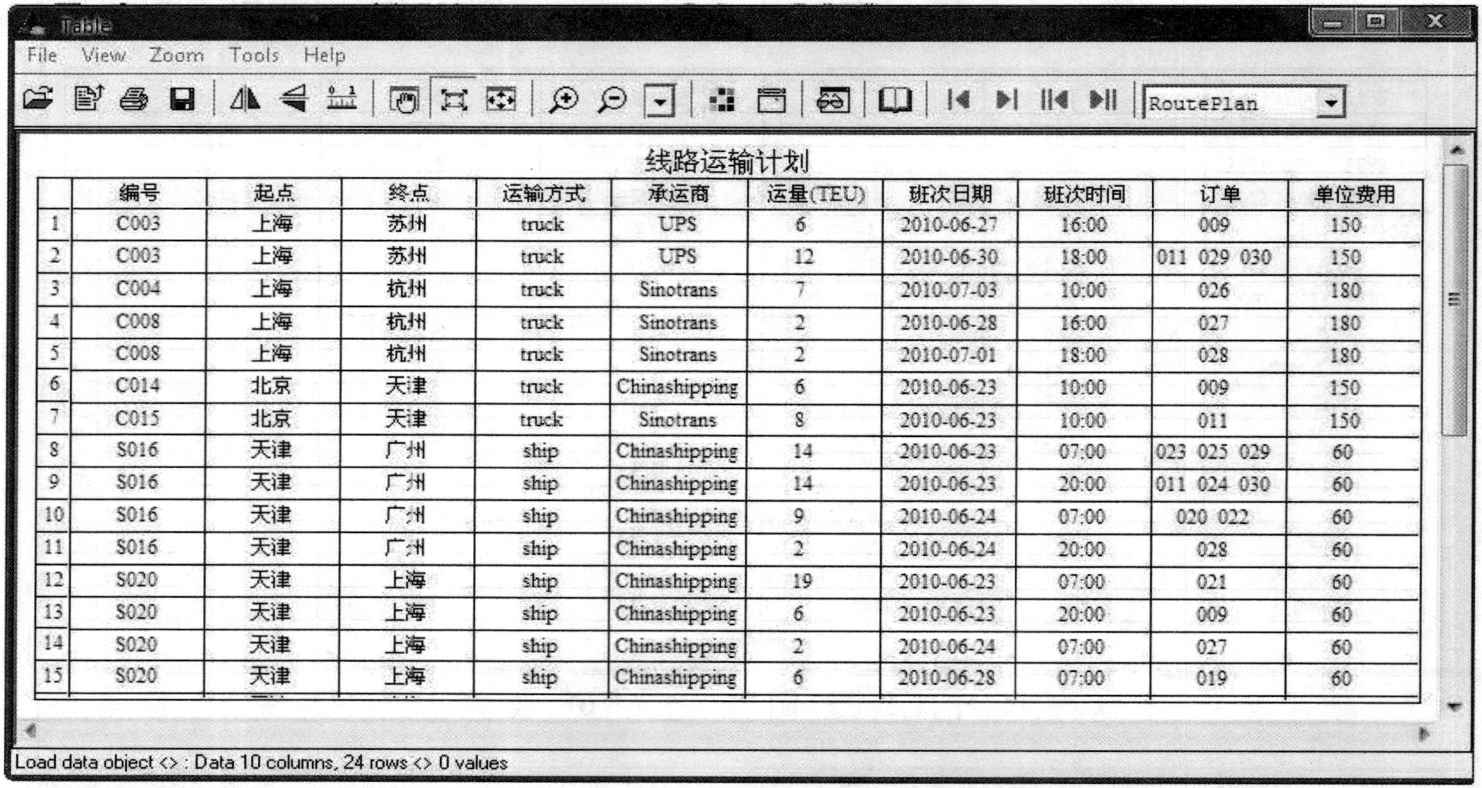

Table

File View Zoom Tools Help

RoutePlan

线路运输计划

	编号	起点	终点	运输方式	承运商	运量(TEU)	班次日期	班次时间	订单	单位费用
1	C003	上海	苏州	truck	UPS	6	2010-06-27	16:00	009	150
2	C003	上海	苏州	truck	UPS	12	2010-06-30	18:00	011 029 030	150
3	C004	上海	杭州	truck	Sinotrans	7	2010-07-03	10:00	026	180
4	C008	上海	杭州	truck	Sinotrans	2	2010-06-28	16:00	027	180
5	C008	上海	杭州	truck	Sinotrans	2	2010-07-01	18:00	028	180
6	C014	北京	天津	truck	Chinashipping	6	2010-06-23	10:00	009	150
7	C015	北京	天津	truck	Sinotrans	8	2010-06-23	10:00	011	150
8	S016	天津	广州	ship	Chinashipping	14	2010-06-23	07:00	023 025 029	60
9	S016	天津	广州	ship	Chinashipping	14	2010-06-23	20:00	011 024 030	60
10	S016	天津	广州	ship	Chinashipping	9	2010-06-24	07:00	020 022	60
11	S016	天津	广州	ship	Chinashipping	2	2010-06-24	20:00	028	60
12	S020	天津	上海	ship	Chinashipping	19	2010-06-23	07:00	021	60
13	S020	天津	上海	ship	Chinashipping	6	2010-06-23	20:00	009	60
14	S020	天津	上海	ship	Chinashipping	2	2010-06-24	07:00	027	60
15	S020	天津	上海	ship	Chinashipping	6	2010-06-28	07:00	019	60

Load data object <> : Data 10 columns, 24 rows <> 0 values

图 4.10　线路运输计划汇总图

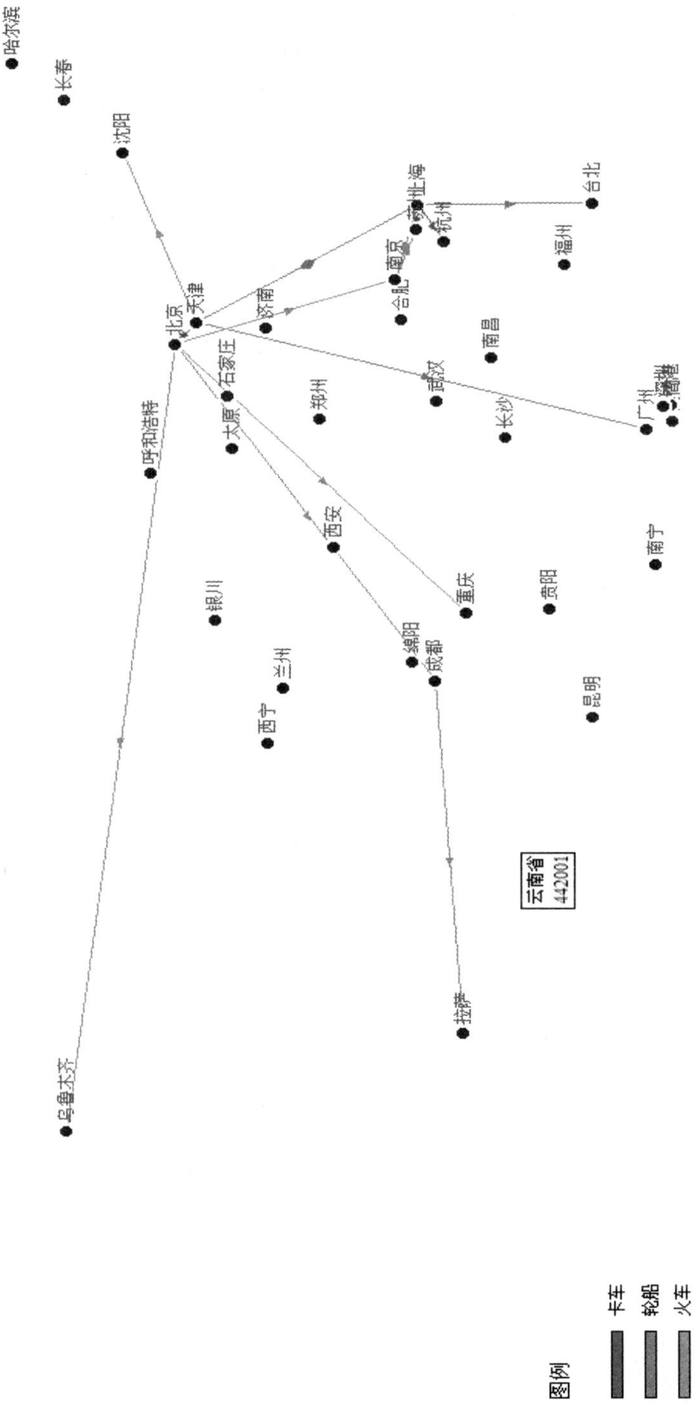

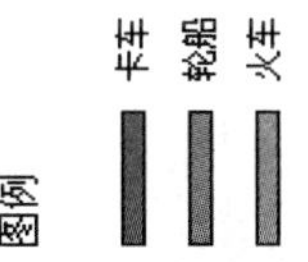

图 4.11　线路、订单、地点衔接全局图(1)

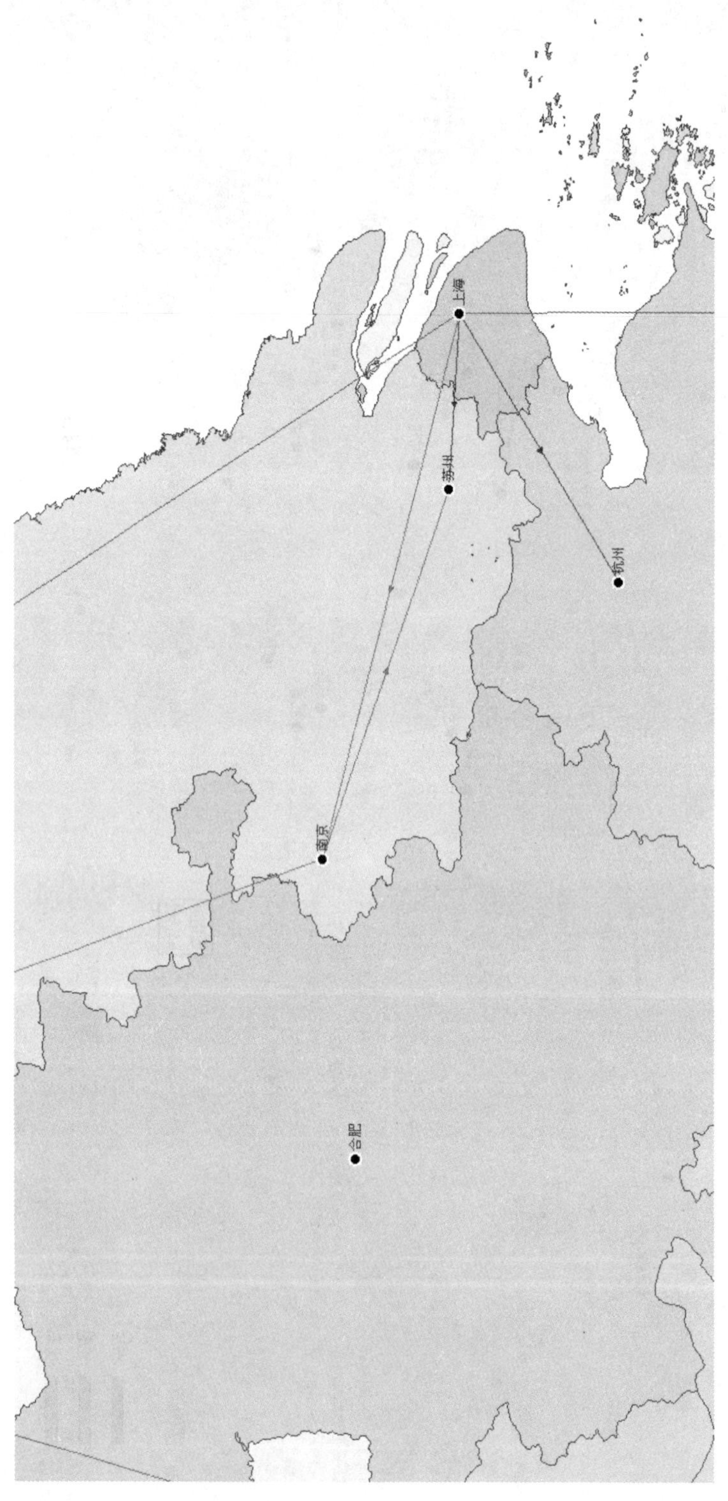

图 4.12 线路、订单、地点衔接全局图(2)

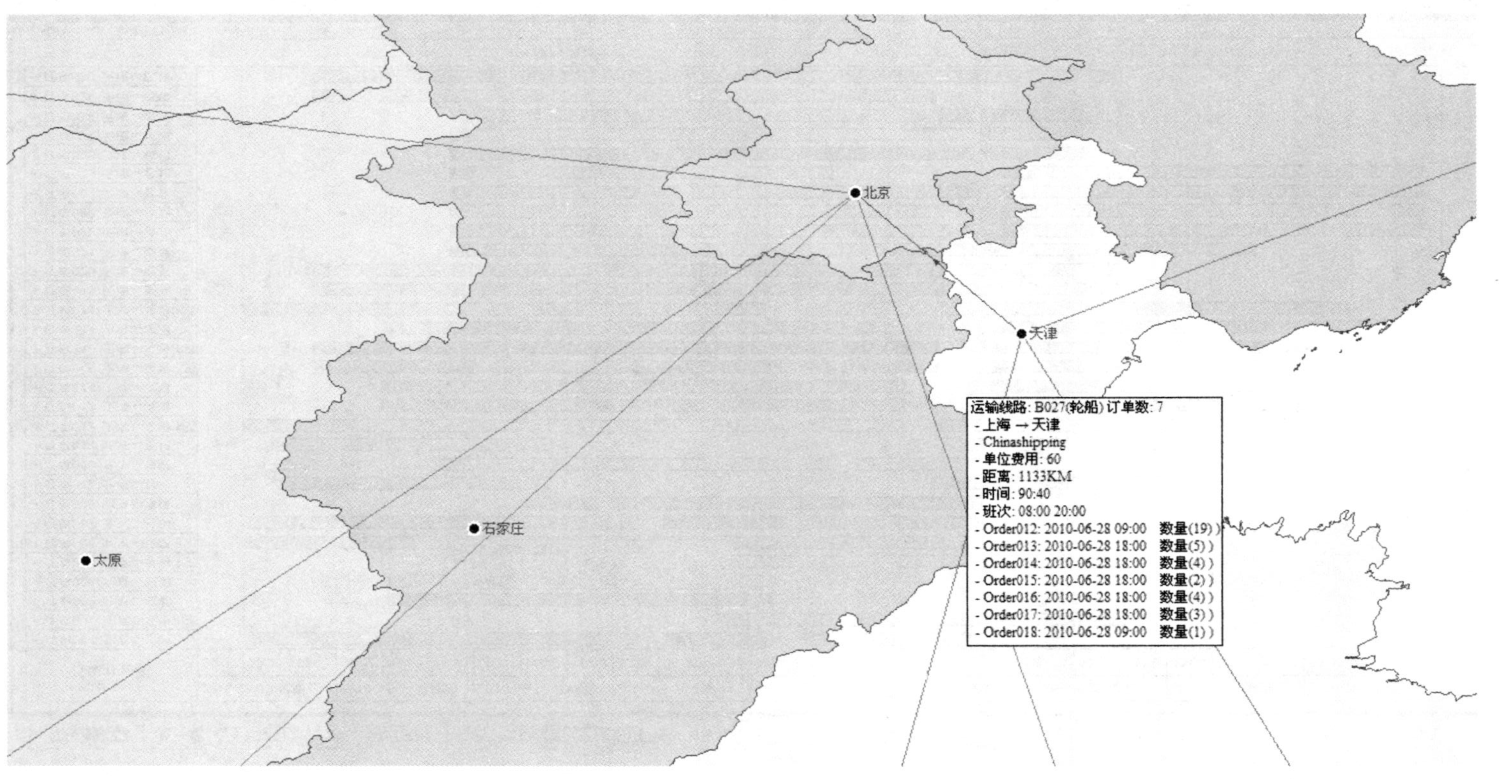

图 4.13　线路、订单、地点衔接全局图(3)

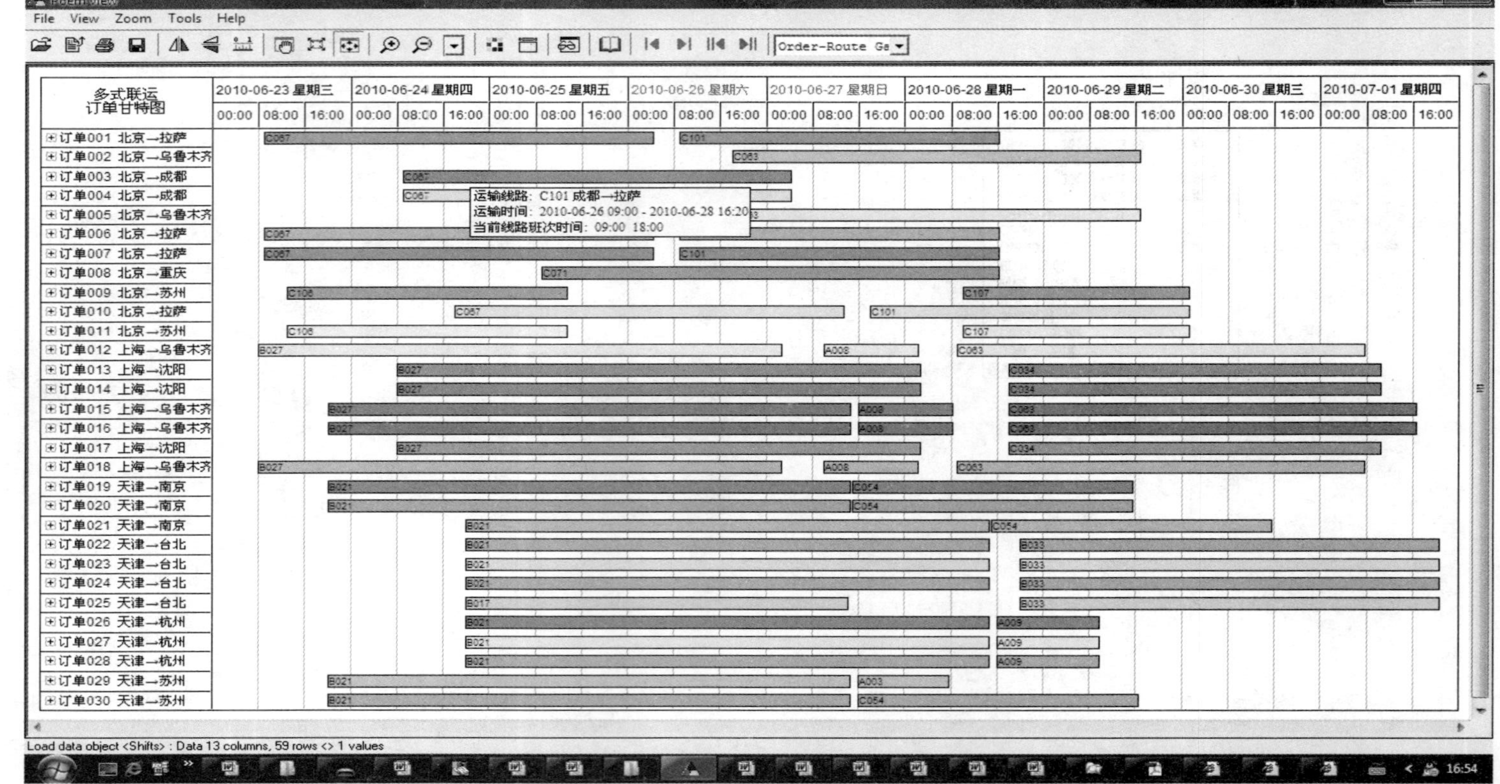

Poem view
File View Zoom Tools Help
Order-Route Ge
多式联运 订单甘特图
2010-06-23 星期三
2010-06-24 星期四
2010-06-25 星期五
2010-06-26 星期六
2010-06-27 星期日
2010-06-28 星期一
2010-06-29 星期二
2010-06-30 星期三
2010-07-01 星期四
订单001 北京—拉萨
订单002 北京—乌鲁木齐
订单003 北京—成都
订单004 北京—成都
订单005 北京—乌鲁木齐
订单006 北京—拉萨
订单007 北京—拉萨
订单008 北京—重庆
订单009 北京—苏州
订单010 北京—拉萨
订单011 北京—苏州
订单012 上海—乌鲁木齐
订单013 上海—沈阳
订单014 上海—沈阳
订单015 上海—乌鲁木齐
订单016 上海—乌鲁木齐
订单017 上海—沈阳
订单018 上海—乌鲁木齐
订单019 天津—南京
订单020 天津—南京
订单021 天津—南京
订单022 天津—台北
订单023 天津—台北
订单024 天津—台北
订单025 天津—台北
订单026 天津—杭州
订单027 天津—杭州
订单028 天津—杭州
订单029 天津—苏州
订单030 天津—苏州
运输线路：C101 成都—拉萨
运输时间：2010-06-26 09:00 - 2010-06-28 16:20
当前线路班次时间：09:00 18:00
Load data object <Shifts> : Data 13 columns, 59 rows <> 1 values
16:54

图 4.14 订单甘特图

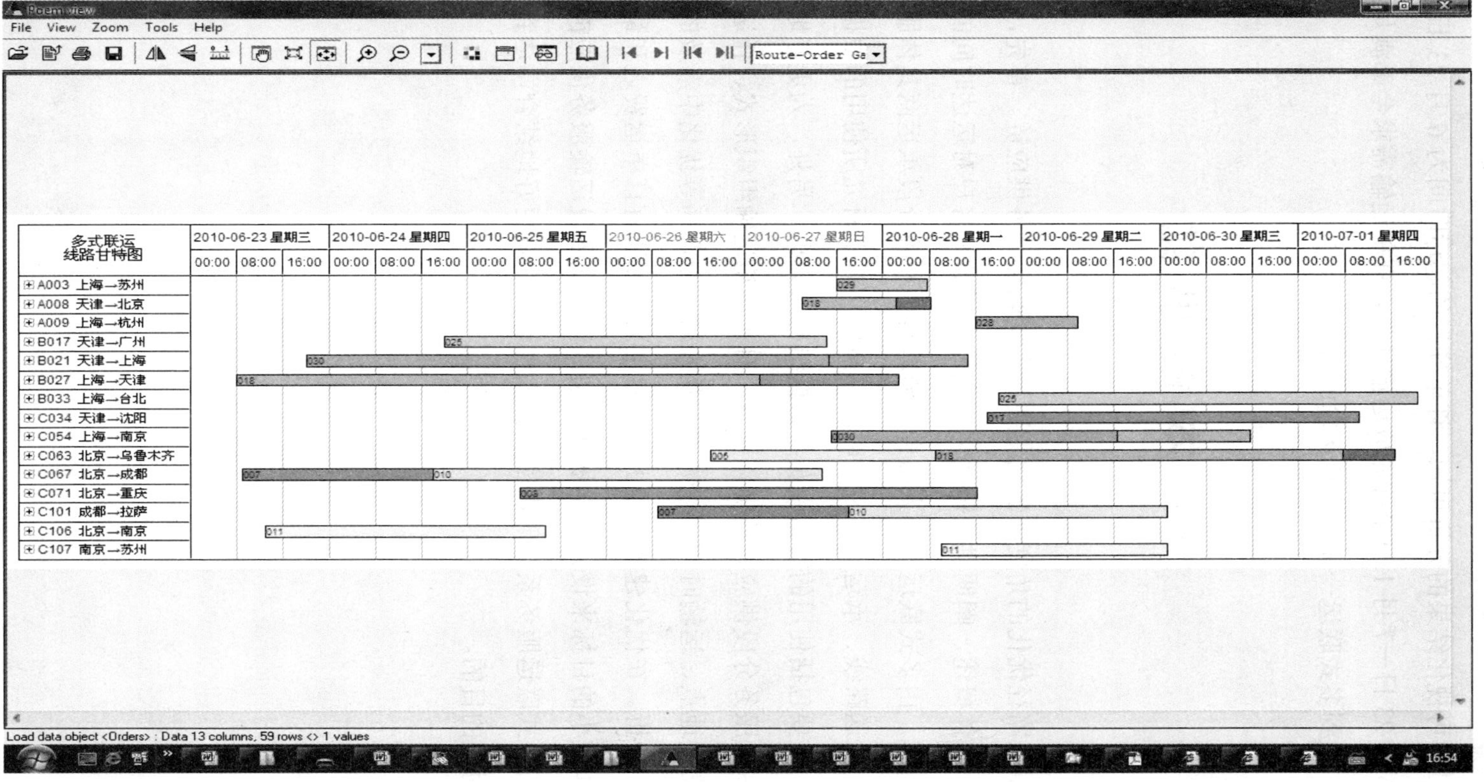

File View Zoom Tools Help
Route-Order Ga
多式联运
线路甘特图
2010-06-23 星期三
2010-06-24 星期四
2010-06-25 星期五
2010-06-26 星期六
2010-06-27 星期日
2010-06-28 星期一
2010-06-29 星期二
2010-06-30 星期三
2010-07-01 星期四
00:00 08:00 16:00
A003 上海→苏州
A008 天津→北京
A009 上海→杭州
B017 天津→广州
B021 天津→上海
B027 上海→天津
B033 上海→台北
C034 天津→沈阳
C054 上海→南京
C063 北京→乌鲁木齐
C067 北京→成都
C071 北京→重庆
C101 成都→拉萨
C106 北京→南京
C107 南京→苏州
Load data object <Orders> : Data 13 columns, 59 rows <> 1 values
16:54

图 4.15　线路甘特图

通过对可视化结果的分析可知，订单安排的起运时间为 6 月 23 日－6 月 28 日，在 6 月 23 日－7 月 1 日全部完成运输任务，订单运输需求全部满足，运力安排紧凑，达到多式联运一体化无缝运输的目的。

4.8 本章小结

本章从路径优化的角度来优化集装箱多式联运服务供应链。首先，从研究框架上进行总体概述，阐明供应链优化研究是为了满足客户对运达时间的要求并降低运输成本，由多式联运经营人结合集装箱运单和各分段承运商具体服务来确定各订单的运送路线、承运商和发货时间。然后，对于研究所使用的数据情况进行了分析，主要包括使用的数据库及其数据结构的分析。另外，为更好地设计集装箱多式联运服务分段供应链的优化模型，对集装箱运输组织形式、托运人订单、集装箱交接地点、运输时间、运输线路及方式、运费率等优化中涉及的要素进行了总结和分析。在优化建模问题上，本章主要按照所有订单运费之和最小与运输时间之和最小的目标来设计数学规划模型，以实现各段运输服务供应链的优化功能，使得多式联运服务系统的供应链行为与运力配置更好地结合，达到节省运费和运输时间的目的。

第5章 集装箱多式联运服务供应链的服务组合策略

5.1 基 本 框 架

5.1.1 问题描述

集装箱多式联运运输服务是以集装箱为媒介，把水路、公路、铁路以及航空等多种运输方式有机地组织和衔接为一体，采用两种或两种以上不同运输方式，为托运人提供“全程式”和“一票式”运输的物流服务。集装箱多式联运运输服务通过服务供应链的合作，能够整合市场上的物流资源和数据信息，提高物流信息的共享和流通，从而不断提高物流服务水平。

集装箱多式联运服务的主要任务是以集装箱为运输单元，将不同的运输方式有机地组合在一起，构成连续的、综合性的一体化运输体系，通过一次托运、一次计费、一份单证、一次保险，将集装箱货物运送到托运人指定的目的地点。集装箱多式联运经营人服务性价比的高低，直接决定了托运人运输服务需求被满足的程度。托运人往往会综合考虑多个供应链因素来选择运输服务，而不只是片面地考虑某一个单一属性(如运价水平) 。

功能性服务(如运输、配送、包装、流通加工、包装、金融服务等) 提供商是集装箱多式联运运输服务的供给者，他们之间的竞争不仅仅是在价格上，还包括为提高客户满意度而进行的深层次的竞争。对于托运人而言，有的时候服务质量和服务效率等属性比价格属性更加重要。图 5.1 为集装箱多式联运中的物流服务选择示意图。

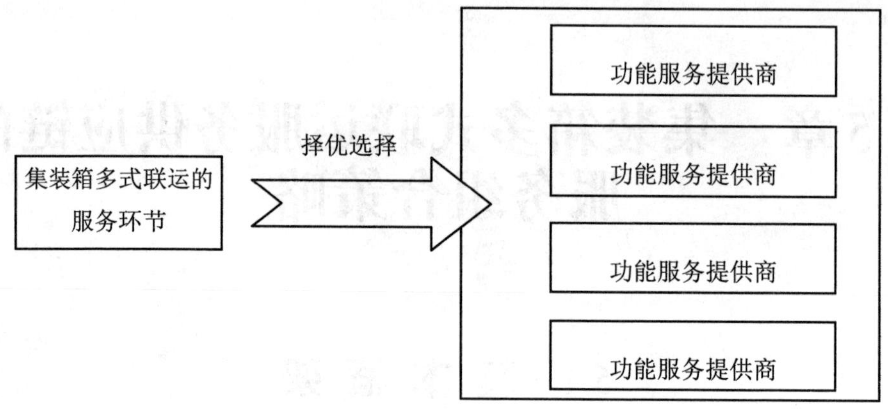

图 5.1 集装箱多式联运中的物流服务选择

5.1.2 求解思路

在集装箱多式联运服务供应链中，多式联运经营人提供的是“一票到底”的“一站式”物流服务，然而这种包干服务总体水平的好坏是受到整个服务供应链服务水平影响的，多式联运承运人应当对功能性服务的提供商做好选择，同时可通过性价比最大化的运输服务来赚取利润。对于这种供应链内部的组合优化问题，本章将采用多属性组合拍卖方法进行求解。目前学术界对于组合拍卖方法的应用研究大多是针对有形物品的，即将有形物品通过最优组合的方式卖给出价最高的拍卖人。虽然这种方法对于服务产品，尤其是多式联运这种复杂服务产品的适用性有待进一步确定，然而根据集装箱运输市场的实际情况和近期调研结果来看，多属性组合拍卖方法能够帮助托运人综合考虑多个服务因素，在集装箱多式联运服务市场中做出合理的选择策略，具有一定的科学性。

在运输服务交易中，不同运输线路、不同运输工具以及不同运输环节之间具有相互依赖性，它们的不同组合会带来不同的运输成本和效益。组合拍卖的寻优方法非常适合集装箱多式联运服务交易的特点和要求，特别是在当今迅速发展的供应链环境下，服务市场多样化竞争日益激烈，组合优化是集装箱多式联运服务供应链应对市场竞争和保持服务优势的重要途径。应当按照利益最大化的原则，选择最佳的多式联运服务承运人组合，从而能够以最佳的运费价格、最高的运输效率获得最好质量的运输服务。

承运人选择问题具有多属性目标的特点，可以采用多属性组合拍卖方法确定出获胜者，使其成为集装箱多式联运服务供应链的重要成员。该问题的建模和求解思路可以用图 5.2 来表示。

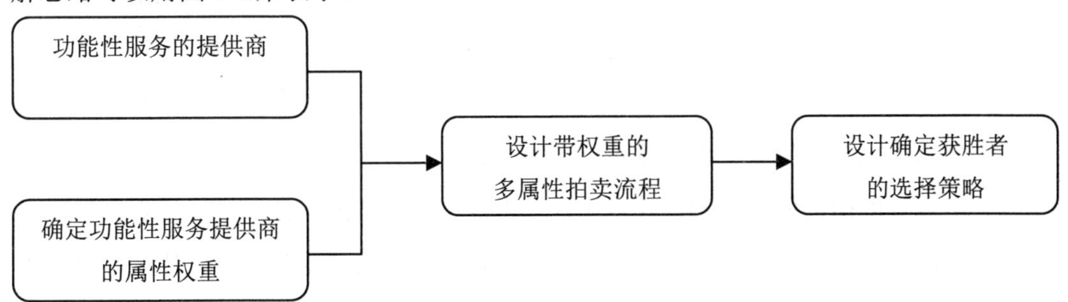

图 5.2　基于多属性组合拍卖的建模求解思路

在提供服务组合过程中，多式联运承运人可通过对各功能性服务提供商的属性指标值进行比较和分析，选择出综合属性指标值最高的服务组合，这样就完成了组合拍卖的过程。这一组合拍卖的过程可用图 5.3 进行描述。

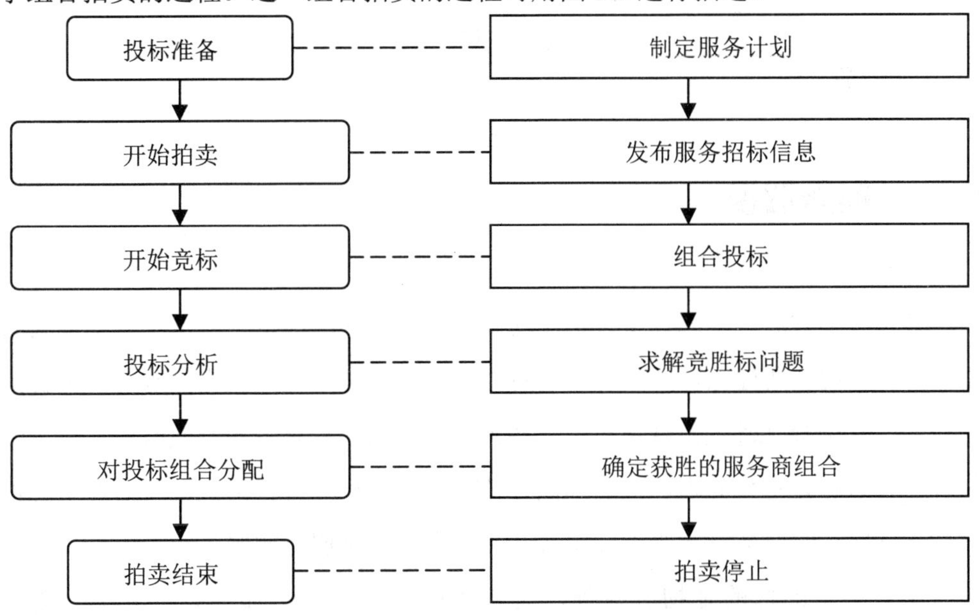

图 5.3　集装箱多式联运供应链成员选择的组合拍卖过程

上述拍卖过程中，最重要和最复杂的问题就是求解竞胜标的问题，因此本章的优化模型主要是针对竞胜标求解问题来设计的。不难发现，集装箱多式联运服务供应链的组合拍卖问题主要有如下特点。

(1) 市场中有多个多式联运承运人功能服务提供商(竞标者)，表现为只有一个托运人和多个可能的服务供应商，这是供应商之间能就其拍卖标的展开价格竞争的条件。

(2) 参与拍卖的服务标的有多个，服务供应商可以根据自身情况和优势对服务标的的任意组合进行出价竞争。服务商在提交报价时应当包含托运人所需要的各个属性的指标值，以便多式联运经营人能够从多个属性角度进行综合评价。

(3) 多属性组合拍卖决策过程复杂，允许托运人从服务质量、服务效率等非价格属性的角度来选择服务供应商。因此，在多属性组合拍卖决策中，集装箱多式联运经营人考虑的属性维数较多，在空间搜索和实际求解过程中具有一定的不确定性。

5.2 基本假设

5.2.1 问题假设

集装箱多式联运多属性组合拍卖问题可以描述为：假定有 L 项不同的多式联运服务，托运人通过组合拍卖的方式向 K 个多式联运承运人发出供应链的组合拍卖信息，从中择优确定出合作对象。多式联运承运人需要对各多式联运承运人的属性指标进行定量化处理，然后以属性值为优化目标综合权衡，最终通过组合拍卖的方式将运输服务分配给中标服务商，确定这 L 项服务的服务商组成。

组合拍卖的标的是物流服务，其中任意一项(运输) 服务记为 a_i，下标 $i \in \{1,2,\cdots,L\}$，该服务对象集合为 $A=(a_1,a_2,\cdots,a_L)$，允许服务供应商对全集 A

中的一部分子集进行组合投标。

5.2.2 限定条件假设

从供应链利益最大化的视角来看，对集装箱多式联运服务进行组合拍卖所采用的方式是有限定条件的，主要体现在以下几点。

(1) 集装箱多式联运服务的拍卖按照“效用最大化”和“不重复中标”两项基本原则进行分配。不重复中标是指含有相同需求的运输服务最多分配给一个中标者，即不会出现一个服务(或服务组合) 对应多个中标者的情况。

(2) 竞标者“要么组合获胜，要么投标失败”。即服务供应商提供的物流服务内容可以是服务需求中的任意一项或多项组合。

(3) 由于增加新的供应链伙伴可能会带来额外的成本，多式联运经营人可以优先考虑以往的合作伙伴，指定某服务提供商为获胜者之一(通过权重的预设置进行控制) ，而对剩余服务需求进行拍卖。

(4) 多式联运经营人可根据实际的情况来限定最小/最大中标者数量，以控制供应链的质量。

(5) 多式联运经营人也可以限定获胜者的最小/最大服务范围。比如：多式联运经营人可以规定中标者最少应提供多少数量的服务才能够获胜。

(6) 由于多式联运经营人对各供应链因素重视程度的不同，可通过定量的方法将其体现在属性指标的不同权重上。比如：如果托运人看重服务的质量和效率属性值而非成本属性值，则多式联运经营人在多式联运竞胜标求解时可将目标函数中的服务质量和效率属性值权重适当提高，而将成本属性值权重适当降低。

(7) 集装箱多式联运的服务组合有很多类型，有运输线路的组合，也有集装箱运量上的组合(拼船、拼车) 或者不同服务环节的组合。为了方便说明问题，本书仅开展针对服务线路的组合优化研究，对于集装箱运量组合或是不同服务环节组合的优化问题，将留到今后的研究中继续探讨。

5.3 属性指标

5.3.1 评价指标体系的初定

在集装箱多式联运服务交易中，托运人关心的不仅是运费问题，还有效率和安全等问题，因此多式联运经营人在选择合作伙伴时候也应当考虑多个属性的指标值，而不仅仅限于运价属性，有的时候这些属性对于托运人而言比价格属性更加重要。

本书仅以选择提供运输服务的服务供应商为例，建立属性指标体系(见表 5.1)。

表 5.1 初步拟定的服务供应商评价指标

	属性指标	说明
集装箱多式联运供应链中组合拍卖的多因素评价体系	基本运费(X_1)	由集装箱各段运输、装卸、保险费用组成
	附加费(X_2)	承运人根据油价上涨等因素加收的附加费用
	管理费(X_3)	包括港站的服务管理费用等
	集疏运费(X_4)	由发货地运往集装箱码头堆场或反向运输的费用
	杂费(X_5)	其他费用
	交接便利度(X_6)	评价集装箱交接地点、交接时间便利与否的指标
	运输时间(X_7)	评价多式联运承运人运输效率的指标
	准班率(X_8)	评价多式联运承运人是否按时发货的指标
	辅助服务(X_9)	评价多式联运承运人提供其他服务水平的指标
	信用度(X_{10})	评价承运人的信贷、声誉等方面的优劣程度
	客户稳定性(X_{11})	评价市场对该多式联运承运人公司的认可度
	品牌、收益情况(X_{12})	评价多式联运承运人的品牌和资产情况
	信息化水平(X_{13})	评价多式联运承运人信息化程度及货物跟踪能力
	网络可达性(X_{14})	评价多式联运承运人节点数量、路段可用情况
	运输协调能力(X_{15})	评价多式联运承运人协调运输环节的能力

在多属性的组合拍卖过程中，多式联运承运人对供应链合作伙伴的选择是建

立在综合指标评价基础上的。参加拍卖的各运输服务供应商的属性指标值信息为已知，通过综合评价这些属性指标值，集装箱多式联运经营人可以从众多投标者中择优确定出组合拍卖的服务商赢家组合。

5.3.2 评价属性值的选定

结合集装箱多式联运服务的特性，本章在设计集装箱多式联运多属性组合拍卖机制时主要考虑承运人的运费水平、服务质量、信誉情况及运输网络覆盖能力等多个属性指标，并将上述四个属性指标设为一级评价指标，进而确定出集装箱多式联运服务组合拍卖的赢家。

集装箱多式联运服务的运费主要包括海铁公基本运费、附加费、港站管理费、集疏运费等；服务质量主要通过运输便利程度、运输时间、准班率、货损率和辅助服务来判断；信誉情况主要依靠承运人信用度、客户稳定性、品牌和收益情况来衡量；运输网络覆盖能力则包括对承运人的信息化水平、网络可达性以及运输方式协调能力等情况来评价。因此，本章将上述各具体指标设为属性选择的二级评价指标，其表述如图 5.4 所示。

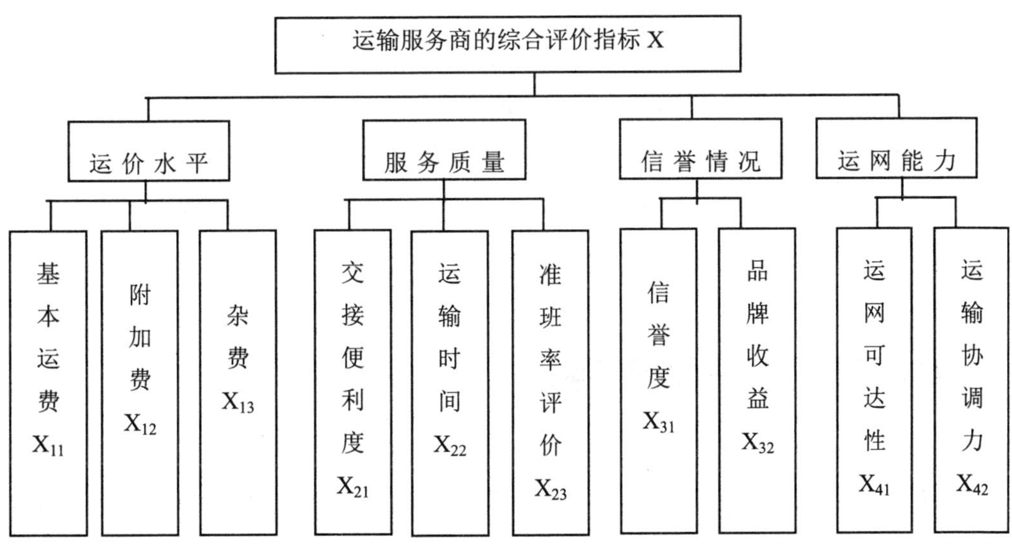

图 5.4　多式联运服务供应商的评价指标层次结构图

图 5.4 中各评价指标的含义见表 5.2。

表 5.2　基于多属性的集装箱多式联运经营人评价指标体系

<table>
<tr><th></th><th>一级指标</th><th>二级指标</th><th>说明</th></tr>
<tr><td rowspan="10">集装箱多式联运供应链中组合拍卖的多因素评价体系(X)</td><td rowspan="3">运价水平(X_1)</td><td>基本运费(X_{11})</td><td>由集装箱各段运输、装卸、保险等费用组成</td></tr>
<tr><td>附加费(X_{12})</td><td>承运人根据油价上涨等加收的附加费</td></tr>
<tr><td>管理费(X_{13})</td><td>包括港站的操作费用、服务费用等</td></tr>
<tr><td rowspan="3">服务质量(X_2)</td><td>交接便利程度(X_{21})</td><td>集装箱交接地点、交接时间的便利与否</td></tr>
<tr><td>运输时间(X_{22})</td><td>多式联运承运人的运输效率指标</td></tr>
<tr><td>准班率(X_{23})</td><td>多式联运承运人是否按时发货的指标</td></tr>
<tr><td rowspan="2">信誉情况(X_3)</td><td>信用度(X_{31})</td><td>承运人的信贷、声誉等方面的优劣程度</td></tr>
<tr><td>品牌和收益情况(X_{32})</td><td>多式联运承运人的品牌和资产情况</td></tr>
<tr><td rowspan="2">运网能力(X_4)</td><td>运输网络可达性(X_{41})</td><td>多式联运承运人节点数量、路段可用情况</td></tr>
<tr><td>运输方式协调能力(X_{42})</td><td>多式联运承运人协调运输环节的能力</td></tr>
</table>

在集装箱多式联运运输服务商选择问题上，上述评价指标体系中的一级评价指标的数值是主要起作用的。可通过专家打分法得到运费水平(X_1)、服务质量(X_2)、信誉情况(X_3)、运网能力(X_4)这四个一级评价指标的具体值，并作为权重系数来计算最终服务供应商的获胜者组合。

5.3.3 评价指标数据的结构

面向集装箱多式联运经营人的供应链优化问题中，所涉及到的各级评价指标以及投标承运人信息的数据结构，分别用表 5.3 和表 5.4 进行描述。

表 5.3　评价指标数据结构

指标	变量名	类型
一级指标	服务报价(X_1)	数值型
	服务质量(X_2)	数值型
	承运人信誉(X_3)	数值型
	运网能力(X_4)	数值型
二级指标	基本运费(X_{11})	数值型
	附加费(X_{12})	数值型
	管理费(X_{13})	数值型
	交接便利度(X_{21})	数值型
	运输时间(X_{22})	数值型
	准班率(X_{13})	数值型
	信用度(X_{31})	数值型
	品牌和收益(X_{32})	数值型
	网络可达性(X_{41})	数值型
	运输协调力(X_{42})	数值型

表 5.4　服务组合信息及其数据结构

变量名	类型	描述
Content	字符型	服务组合的内容
Carrier	字符型	服务组合对应的投标人
ω	数值型	属性的权重

5.4　数学模型

5.4.1 基本组合优化模型

根据 5.3 节中选取的集装箱多式联运运输服务供应链的评价指标，托运人进行运输供应链采购的属性指标共有四个：运价、服务质量、承运人信誉、运输网络覆盖能力。在组合拍卖问题设计中，设每一种可能的投标组合方案为 A_k，A_k 中包含 N_k 个服务，每一种投标组合 A_k 都对应着一个状态 S_k，将每个投标组合状态

S_k 下各承运人的运价属性、质量属性、信誉属性和运网能力属性的指标值分别用 $b_p(S_k)$、$b_q(S_k)$、$b_r(S_k)$ 和 $b_n(S_k)$ 表示。则状态 S_k 下的投标向量格式可以表示为一个空间向量 $b(S_k)=[b_p(S_k), b_q(S_k), b_r(S_k), b_n(S_k)]$。

在竞胜标求解过程中，集装箱多式联运经营人对于运输服务供应链优化的最终目的是要通过对所有 K 个投标组合 A_k 的状态 S_k 进行比较来选择获胜拍卖组合 A'_k 及其服务商。对于由各投标组合 A_k 组合成的服务集合 A，可分别按照其投标状态 S_k 对应的向量 $b(S_k)$ 求和得到供应链集合 A 的各种可行方案的属性指标值。从中得到的价格属性指标最低的记为 $b_p^*(S)$，质量属性指标最高的记为 $b_q^*(S)$，信誉属性指标最高的记为 $b_r^*(S)$，运网能力属性指标最高的记为 $b_n^*(S)$，即上述四个属性指标值最优的分别为：$b_p^*(S)=\min_{j=1,\cdots,M}\{b_p^j(S)\}$，$b_q^*(S)=\max_{j=1,\cdots,M}\{b_q^j(S)\}$，$b_r^*(S)=\max_{j=1,\cdots,M}\{b_r^j(S)\}$，$b_n^*(S)=\max_{j=1,\cdots,M}\{b_n^j(S)\}$。其中，$b_p^j(S)$、$b_q^j(S)$、$b_r^j(S$，和 $b_n^j(S)$ 分别表示第 j 种组合方案对应的总体价格属性指标值、质量属性指标值、信誉属性指标值和运网能力属性指标值。

具体地，可建立如下多属性组合拍卖模型：

$$\min\sum_{j\in\{1,\cdots,K\}} b_p^j(S_k)\cdot x_j \tag{5.1}$$

$$\max\sum_{j\in\{1,\cdots,K\}} b_q^j(S_k)\cdot x_j \tag{5.2}$$

$$\max\sum_{j\in\{1,\cdots,K\}} b_r^j(S_k)\cdot x_j \tag{5.3}$$

$$\max\sum_{j\in\{1,\cdots,K\}} b_n^j(S_k)\cdot x_j \tag{5.4}$$

$$s.t.\quad x_j=\begin{cases}1, & \text{承运人}j\text{获胜}\\ 0, & \text{否则}\end{cases} \tag{5.5}$$

$$y(A_j)=\begin{cases}1, & \text{投标组合 }A_j\text{确定为中标组合}\\ 0, & \text{否则}\end{cases} \tag{5.6}$$

$$z_j=\begin{cases}1, & \text{投标内容相同时承运人 }j\text{属性值最优}\\ 0, & \text{否则}\end{cases} \tag{5.7}$$

$$x_j = y(A_j) \cdot z_j \tag{5.8}$$

$$\sum_{j \in \{1,\cdots,K\}} x_j \leqslant L \tag{5.9}$$

$$\sum_{j \in \{1,\cdots,K\}} y(A_j) = \sum_{j \in \{1,\cdots,K\}} x_j \tag{5.10}$$

$$\sum_{j \in \{1,\cdots,K\}} N_j \cdot y(A_j) = L \tag{5.11}$$

$$\sum_{j \in \{1,\cdots,K\}} b_p{}^j(S_k) \cdot x_j \leqslant D \tag{5.12}$$

$$c_{\min} \leqslant \sum_{j \in \{1,\cdots,K\}} x_j \leqslant c_{\max} \tag{5.13}$$

式(5.1)～式(5.13)中的各符号含义如下：

$b_p(S_k)$：服务商 j 的运价属性值；

$b_q(S_k)$：服务商 j 的服务质量属性值；

$b_r(S_k)$：服务商 j 的信誉度属性值；

$b_n(S_k)$：服务商 j 的运往能力属性值；

L：所需的服务项目数量；

K：参与服务提供商总数；

A_j：服务提供商 j 组合投标的格式，即服务组合；

N_j：服务组合 A_j 中包含的服务项目数量；

D：资金限制，即运费总数的上限；

$c_{\min}$：多式联运经营人在拍卖中规定的中标服务商的数量下限；

$c_{\max}$：多式联运经营人在拍卖中规定的中标服务商的数量上限。

各约束条件含义解释如下：

式(5.1)～式(5.4)为优化目标，分别为：运价属性值最小、服务质量属性值最大、信誉属性值最大和运往能力属性值最大；

式(5.5)为 0-1 变量，借以定义某服务商 j 是否能够中标；

式(5.6)为 0–1 变量，借以定义各种服务组合是否能够中标；

式(5.7)为 0–1 变量，借以定义服务商 j 是否有可能中标，如果其属性值在相同服务组合投标人中最优，则该服务商有可能中标；

式(5.8)为各 0–1 变量之间的关系式，服务商 j 中标的等价条件是其投标的服务组合被选中为中标服务组合并且服务商 j 的属性值为此服务组合投标人中最优的；

式(5.9)表示中标服务商的数量一定是以不同服务的总数为上限的，不可能超过此数量限制；

式(5.10)表示中标的服务组合数量等于中标服务商的数量，即对每个中标的服务组合有且只有一个中标服务商；

式(5.11)表示中标的服务组合从内容上是不重复的，并且其总和等于服务商总的服务项目数量；

式(5.12)表示多式联运经营人有成本要求，中标服务商索要的运费之和不能超过此限制；

式(5.13)表示为方便管理，多式联运经营人对于中标的承运人数量有限制，即可以事先拟定服务商的数量，比如 2～3 个服务商来完成其运输任务。

5.4.2 改进的组合优化模型

显然，上述多目标规划模型不一定有解存在。因此，将上述多目标规划模型分解为四个单目标规划模型进行分别求解，即：

OP–1：
$$\min\sum\nolimits_{j\in\{1,\cdots,K\}} b_p{}^j(S_k)\cdot x_j \tag{5.14}$$

$$s.t.\quad x_j=\begin{cases}1, & \text{承运人}j\text{获胜}\\ 0, & \text{否则}\end{cases} \tag{5.15}$$

$$y(A_j)=\begin{cases}1, & \text{投标组合}A_j\text{中标}\\ 0, & \text{否则}\end{cases} \tag{5.16}$$

$$z_j=\begin{cases}1, & b_p{}^j(S_k)=\min_{j=1,\cdots,m}\{b_p{}^j(S_k)\}\\ 0, & \text{否则}\end{cases} \tag{5.17}$$

$$x_j = y(A_j) \cdot z_j \tag{5.18}$$

$$\sum_{j\in\{1,\cdots,K\}} x_j \leqslant L \tag{5.19}$$

$$\sum_{j\in\{1,\cdots,K\}} y(A_j) = \sum_{j\in\{1,\cdots,K\}} x_j \tag{5.20}$$

$$\sum_{j\in\{1,\cdots,K\}} N_j \cdot y(A_j) = L \tag{5.21}$$

$$\sum_{j\in\{1,\cdots,K\}} b_p{}^j(S_k) \cdot x_j \leqslant D \tag{5.22}$$

$$c_{\min} \leqslant \sum_{j\in\{1,\cdots,K\}} x_j \leqslant c_{\max} \tag{5.23}$$

上式中，m 为投标组合 Aj 的投标人数量，式(5.14)为单优化目标，目标为服务商组合的运价属性值之和最小化，式(5.15)～式(5.23)的含义与上节中式(5.5)～式(5.13)的含义相同，不再赘述。

OP−2：

$$\max \sum_{j\in\{1,\cdots,K\}} b_q{}^j(S_k) \cdot x_j \tag{5.24}$$

$$s.t. \quad x_j = \begin{cases} 1, & \text{承运人} j \text{获胜} \\ 0, & \text{否则} \end{cases} \tag{5.25}$$

$$y(A_j) = \begin{cases} 1, & \text{投标组合 } A_j \text{中标} \\ 0, & \text{否则} \end{cases} \tag{5.26}$$

$$z_j = \begin{cases} 1, & b_q{}^j(S_k) = \max_{j=1,\cdots,m} \{b_q{}^j(S_k)\} \\ 0, & \text{否则} \end{cases} \tag{5.27}$$

$$x_j = y(A_j) \cdot z_j \tag{5.28}$$

$$\sum_{j\in\{1,\cdots,K\}} x_j \leqslant L \tag{5.29}$$

$$\sum_{j\in\{1,\cdots,K\}} y(A_j) = \sum_{j\in\{1,\cdots,K\}} x_j \tag{5.30}$$

$$\sum_{j\in\{1,\cdots,K\}} N_j \cdot y(A_j) = L \tag{5.31}$$

$$\sum_{j\in\{1,\cdots,K\}} b_p{}^j(S_k) \cdot x_j \leqslant D \tag{5.32}$$

$$c_{\min} \leqslant \sum_{j \in \{1,\cdots,K\}} x_j \leqslant c_{\max} \tag{5.33}$$

同样地，式(5.24)也是单优化目标，目标为服务商组合的服务质量属性值之和最大化，式(5.25)～式(5.33)的含义与上节中式(5.5)～式(5.13)的含义相同，不再赘述。

OP-3：

$$\max \sum_{j \in \{1,\cdots,K\}} b_r^{\ j}(S_k) \cdot x_j \tag{5.34}$$

$$s.t. \quad x_j = \begin{cases} 1, & \text{承运人} j \text{获胜} \\ 0, & \text{否则} \end{cases} \tag{5.35}$$

$$y(A_j) = \begin{cases} 1, & \text{投标组合 } A_j \text{中标} \\ 0, & \text{否则} \end{cases} \tag{5.36}$$

$$z_j = \begin{cases} 1, & b_r^{\ j}(S_k) = \max_{j=1,\cdots,m} \{b_r^{\ j}(S_k)\} \\ 0, & \text{否则} \end{cases} \tag{5.37}$$

$$x_j = y(A_j) \cdot z_j \tag{5.38}$$

$$\sum_{j \in \{1,\cdots,K\}} x_j \leqslant L \tag{5.39}$$

$$\sum_{j \in \{1,\cdots,K\}} y(A_j) = \sum_{j \in \{1,\cdots,K\}} x_j \tag{5.40}$$

$$\sum_{j \in \{1,\cdots,K\}} N_j \cdot y(A_j) = L \tag{5.41}$$

$$\sum_{j \in \{1,\cdots,K\}} b_p^{\ j}(S_k) \cdot x_j \leqslant D \tag{5.42}$$

$$c_{\min} \leqslant \sum_{j \in \{1,\cdots,K\}} x_j \leqslant c_{\max} \tag{5.43}$$

式(5.34)是第三个要求的单优化目标，目标为服务商组合的信誉属性值之和最大化，式(5.35)～式(5.43)的含义与上节中式(5.5)～式(5.13)的含义相同，不再赘述。

OP-4：

$$\max \sum_{j \in \{1,\cdots,K\}} b_n^{\ j}(S_k) \cdot x_j \tag{5.44}$$

$$s.t. \quad x_j = \begin{cases} 1, & \text{承运人} j \text{获胜} \\ 0, & \text{否则} \end{cases} \tag{5.45}$$

$$y(A_j)=\begin{cases}1, & \text{投标组合 } A_j \text{中标}\\ 0, & \text{否则}\end{cases} \tag{5.46}$$

$$z_j=\begin{cases}1, & b_n{}^j(S_k)=\max_{j=1,\cdots,m}\{b_n{}^j(S_k)\}\\ 0, & \text{否则}\end{cases} \tag{5.47}$$

$$x_j=y(A_j)\cdot z_j \tag{5.48}$$

$$\sum\nolimits_{j\in\{1,\cdots,K\}} x_j \leqslant L \tag{5.49}$$

$$\sum\nolimits_{j\in\{1,\cdots,K\}} y(A_j)=\sum\nolimits_{j\in\{1,\cdots,K\}} x_j \tag{5.50}$$

$$\sum\nolimits_{j\in\{1,\cdots,K\}} N_j\cdot y(A_j)=L \tag{5.51}$$

$$\sum\nolimits_{j\in\{1,\cdots,K\}} b_p{}^j(S_k)\cdot x_j \leqslant D \tag{5.52}$$

$$c_{\min} \leqslant \sum\nolimits_{j\in\{1,\cdots,K\}} x_j \leqslant c_{\max} \tag{5.53}$$

式(5.44)为第四个要求的单优化目标，目标为服务商组合的运网能力属性值之和最大化，式(5.45)～式(5.53)的含义与上节中式(5.5)～式(5.13)的含义相同，不再赘述。

5.5 算法设计

5.5.1 虚拟最优状态属性值的获取

该组合优化问题的求解主要通过混合集合之间的逻辑规划和空间迭代搜索来求得。每次搜索解空间时，算法要判断变量值域是否满足约束条件，进而判断待求变量是否找到解。如果待求变量的解未被确定，则启动分支求解引擎，将求解问题切割为多个子空间进行枚举，继续寻找最优解。由于变量的初始值域是有限的，随着切割和枚举的进行，要么找到解，要么证明问题无解。

在对虚拟状态属性值进行求解时，考虑到变量的不确定性，引入了集合变量并使用混合集合规划进行算法设计。核心算法包括以下几部分。

(1) 中标服务组合约束。通过竞胜标计算得到的各中标组合是一个模糊的集合变量，其值域范围已知，但取值不确定，设为 A'_k，设所有投标组合的形式为 A_k，其逻辑约束可以表示为：

$$A'_k \subseteq A_k$$

$$A'_{k_1} \cap A'_{k_2} = \varnothing, \quad \forall\ k_1 \neq k_2$$

$$A = \cup\ A'_k$$

(2) 中标者约束。通过竞胜标计算得到的中标者组合也是一个模糊的集合变量，其值域范围已知，但取值不确定，设为 C'_j，设所有投标组合形式为 C_j，其逻辑约束可以表示为：

$$C'_j \subseteq C_j$$

$$C'_{j_1} \cap C'_{j_2} = \varnothing, \quad \forall\ j_1 \neq j_2$$

$$C = \cup\ C'_j$$

(3) 中标组合与中标者组合的对应关系约束。一个中标组合只能选择一个服务商，一个服务商只能对一个投标组合中标，设 M_k 为 A 中包含的中标组合 A'_k 的个数，则约束表示为：

$$M_k = \#C'_j$$

$$\#\{\bigcup A'_k\} = \#A$$

$$c_{A'_k} = c_j \Leftrightarrow c_j \in C'_j$$

(4) 中标者数量约束。设多式联运经营人对中标者的数量有限制要求，取值范围为 $[c_{\min}, c_{\max}]$，则此逻辑约束可表示为：

$$c_{\min} \leqslant \#C'_j \leqslant c_{\max}$$

(5) 成本限制约束。设多式联运经营人限制最大资金为 D，则有：

$$\sum_{j\in\{1,\cdots,K\}} b_p^{\ j}(S_k)\cdot x(j)\cdot y_j(A_k) \leqslant D$$

(6) 合作伙伴约束。

$$j^* \in C'_j$$

在多式联运服务提供商选择的过程中，优化是通过建立多属性组合拍卖模型进行的。算法的交易过程及优化步骤可用图 5.5 表示。

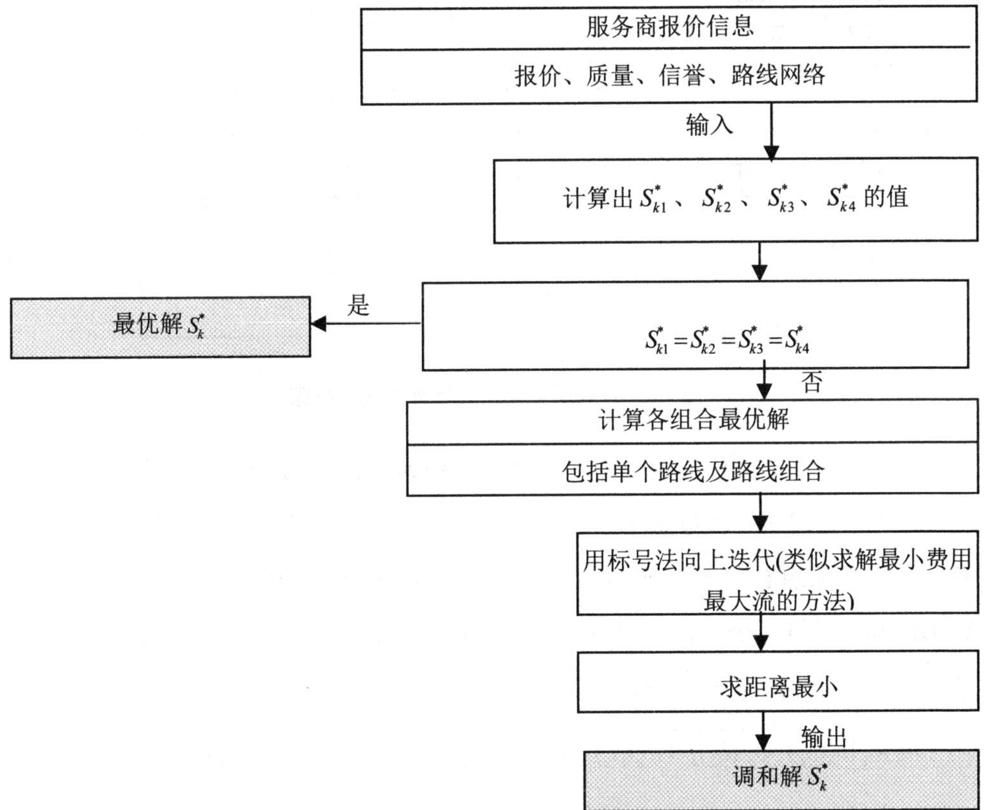

图 5.5　多属性组合拍卖采购模型求解步骤

5.5.2 实际服务商获胜组合的最终确定

实质上，基于多属性组合拍卖的服务商获胜组合的确定问题可以被描述为对离散的资源进行分配的机制。本章中使用的优化方法是利用欧式空间距离和权重的概念，求出各拍卖方案的属性向量与上述虚拟的最优属性向量之间的欧氏距离 d_i，即求出 $\min d_i$。其求解框架可以简单描述如图 5.6 所示。

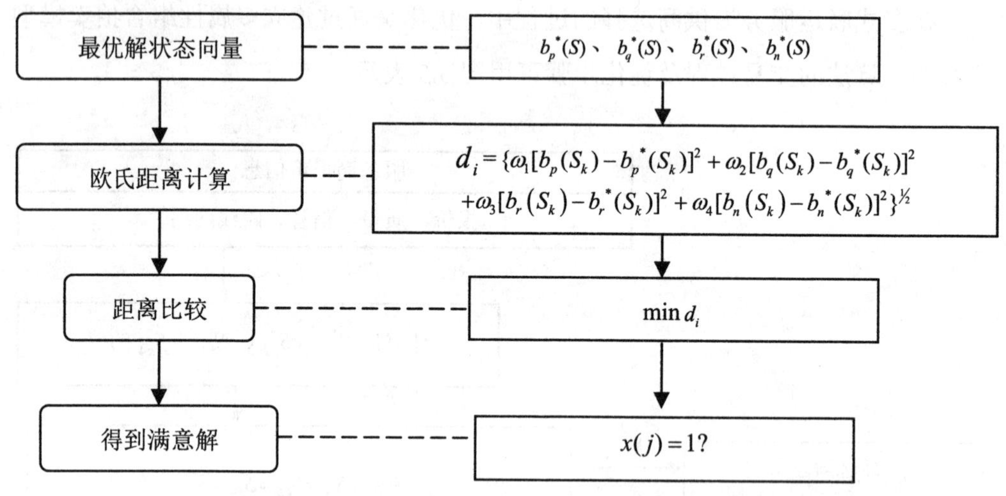

图 5.6 实际承运人竞胜标算法设计框架

设上述四个单目标规划模型求解结果分别为 $b_p^*(S)$、$b_q^*(S)$、$b_r^*(S)$ 和 $b_n^*(S)$。由于这四个最优属性指标值不一定恰好对应于同一获胜者组合，因此还需要假设某一虚拟赢家组合的投标组合状态 S^*，令其属性指标值等于 $b_p^*(S)$、$b_q^*(S)$、$b_r^*(S)$ 和 $b_n^*(S)$，令其投标向量格式为 $b^*(s)=[b_p^*(S),b_q^*(S),b_r^*(S),b_n^*(S)]$。定义各投标组合状态 S_i 与虚拟状态 S^* 之间的欧氏距离 d_i：

$$d_i=\sqrt{[b_p(S_k)-b_p^*(S_k)]^2+[b_q(S_k)-b_q^*(S_k)]^2+[b_r(S_k)-b_r^*(S_k)]^2+[b_n(S_k)-b_n^*(S_k)]^2} \tag{5.54}$$

如果各权重水平 ω_i 不一样，则可以定义各投标组合状态 S_i 与虚拟状态 S^* 之间的欧氏距离 d_i 的表达式为：

$$d_i=\sqrt{\omega_1[b_p(S_k)-b_p^*(S_k)]^2+\omega_2[b_q(S_k)-b_q^*(S_k)]^2+\omega_3[b_r(S_k)-b_r^*(S_k)]^2+\omega_4[b_n(S_k)-b_n^*(S_k)]^2} \tag{5.55}$$

选择欧氏距离 d_i 最小的拍卖组合作为获胜拍卖组合。

5.6 算例分析

5.6.1 问题及相关数据

假设在某个集装箱多式联运服务供应链中包含 3 项服务，通过组合拍卖的方式向 15 个物流服务提供商发出需求信息，从中择优确定出合作对象。每个服务提供商可以根据自身优势对托运人的多式联运服务需求进行组合投标，同时运价、质量、信誉、运网能力等属性的基本情况为已知。集装箱多式联运经营人需要对各服务提供商的属性指标进行定量化处理，并以属性值为优化目标进行综合权衡，最后通过组合拍卖的方式将运输组合服务分配给中标服务提供商，确定这 3 项服务的服务商组成形式。

在整个集装箱多式联运服务的选择过程中，优化是在 5.4 节中多属性组合拍卖的 0-1 混合整数规划模型的基础上进行的。假设某托运人需要多式联运经营人提供的 3 项服务用 A、B、C 来表示，共有 15 家服务提供商愿意提供这 3 项服务组合，表 5.5 给出了所有投标服务商的各种信息。

表 5.5　各服务提供商提供服务的各种信息数据

承运人代号	C_1	C_2	C_3	C_4	C_5	C_6	C_7	C_8	C_9	C_{10}	C_{11}	C_{12}	C_{13}	C_{14}	C_{15}
拍卖服务组合	A	A	B	B	B	C	C	AB	AB	BC	BC	BC	ABC	ABC	ABC
运价	10	12	13	12	10	20	23	20	21	39	39	40	55	60	61
服务质量	10	12	13	12	10	20	22	20	21	39	40	40	55	58	60
承运人信誉	11	11	12	10	10	21	21	20	20	38	38	39	60	58	59
运网能力	11	10	10	11	11	21	20	21	20	40	40	38	58	58	60

5.6.2 虚拟状态属性分析

考虑到求解变量的类型多、模糊性强、约束关系复杂等原因，将算法中各个变量用自然描述的方式进行定义，将拍卖信息数据输入.dat 文件后，调入 NCL 主程序，并通过 POEM 做出解的判断。

根据上文中的组合优化模型，分别将式(5.14)、式(5.24)、式(5.34)和式(5.44)设为目标函数，利用集合规划的方法对构建的模型进行算法设计。0–1 变量 x_j 表示服务商 j 是否能够中标，在具体算法模型中使用集合变量 ActiveCarrier 表示，即将所有 $x_j=1$ 的服务提供商放入集合 ActiveCarrier 中。$y(A_j)$ 则表示服务商 j 所投标的投标组合 A_j 是否中标，算法模型中使用集合变量 ActiveAuction 表示，其内容用集合变量 ContAuction 表示，为字符型变量。通过逻辑约束和变量限制设计，可得到本算例的计算结果为：

运价费用单目标规划最优解为：

服务商组合最优解：{C_1，C_2，C_3}；

投标组合最优组合解：{A_1，A_5，A_6}；

属性指标值最优解：40。

服务质量单目标规划最优解为：

服务商组合最优解：{C_6}；

投标组合最优组合解：{A_{15}}；

属性指标值最优解：60。

企业信誉单目标规划最优解为：

服务商组合最优解：{C_6}；

投标组合最优组合解：{A_{13}}；

属性指标值最优解：60。

运网能力单目标规划最优解为：

服务商组合最优解：{C_6}；

投标组合最优组合解：{A_{15}}；

属性指标值最优解：60。

即算法模型计算出的属性指标值最优目标为：40，60，60，60。

5.6.3 获胜服务商组合

设上述四个单目标规划模型求解最优指标值分别为$b_p^*(S)$、$b_q^*(S)$、$b_r^*(S)$和$b_n^*(S)$。由于这四个最优属性指标值不一定恰好对应于同一获胜者组合，因此还需要假设某一虚拟赢家组合的投标组合状态S^*，令其属性指标值等于$b_p^*(S)$、$b_q^*(S)$、$b_r^*(S)$和$b_n^*(S)$，令其投标向量格式为$b^*(s)=[b_p^*(S),b_q^*(S),b_r^*(S),b_n^*(S)]$。定义各投标组合状态$S_i$与虚拟状态$S^*$之间的欧氏距离$d_i$，选择欧氏距离$d_i$最小的拍卖组合，将其确定为获胜拍卖组合。即：

$$d_i=\sqrt{\omega_1[b_p(S_k)-b_p^*(S_k)]^2+\omega_2[b_q(S_k)-b_q^*(S_k)]^2+\omega_3[b_r(S_k)-b_r^*(S_k)]^2+\omega_4[b_n(S_k)-b_n^*(S_k)]^2} \quad (5.56)$$

对于获胜经营人的确定，在 6.1.2 算法模型中增加以下约束条件。

运价、质量、信誉和运网能力虚拟最优值：

optimizedPrice = 40；

optimizedQuality = 60；

optimizedReputation = 60；

optimizedNetwork = 60。

四个权重系数：

$\omega 1 = 0.4$；

$\omega 2 = 0.3$；

$\omega 3 = 0.2$；

$\omega 4 = 0.1$。

与虚拟最优值之间的距离表达：

d_1= price−optimizedPrice；

d_2 = quality – optimizedQuality；

d_3 = reputation – optimizedReputation；

d_4 = network – optimizedNetwork。

确定最终获胜服务商组合的欧氏距离表达：

$$\text{distance}=\sqrt{\sum_{i=1}^{4}\omega_i d_i^{\ 2}}\ ,$$

目标函数：

$$\min \text{distance}$$

求解结果分析：欧式距离最小者为 9.7313919067383，对应着服务商组合{C_1, C_5}和投标组合{A_1, A_{11}}。其属性信息分为：

$C_1 \rightarrow A_1$：10　　10　　11　　11

$C_5 \rightarrow A_{11}$：39　　40　　38　　40

因此，该多属性组合拍卖的结果为选择服务商组合{C_1,C_{11}}，即对于多式联运经营人而言，最满意的拍卖结果是线路分别为 A 和 BC。

此时付出的总运价为 49，得到的服务质量数值为 50，承运人信誉值 49，网络覆盖能力值为 51，从价格、质量、信誉和航线覆盖能力四个方面获得了满意解。

5.7 本 章 小 结

本章主要从组合优化视角研究集装箱多式联运服务提供商的选择问题。通过对集装箱多式联运服务属性的确定，我们使用多属性组合拍卖的方法来选择和确定服务供应商组合，实现了供应链成员选择过程的最优化设计。首先，通过分析集装箱多式联运运输服务组合问题的框架，将本章的研究思路及步骤做出概述。然后，根据问题优化涉及到的相关数据进行数据结构的分析，并对服务评价的属性权重的来源做出分析和设计。由于集装箱多式联运服务组合优化问题具有多属性目标，并且属性最优值具有分歧性的特点，因此在设计多式联运服务商选择的多属性组合拍卖模型时，主要通过对投标承运人各属性的指标值进行比较和分析，得到综合属性指标值最高的服务商组合。算法设计使用了欧氏距离来计算服务商中与各评价属性最优值间最为接近的组合，最终通过迭代计算得出获胜者。

第6章 集装箱多式联运服务供应链风险防范策略

6.1 集装箱多式联运服务供应链的风险分析

6.1.1 集装箱多式联运服务供应链风险的客观存在性

集装箱多式联运服务供应链的风险，是指在集装箱多式联运过程中由于不确定性事件的发生，导致多式联运承运人、航空运输公司、铁路运输、水路运输公司、公路运输公司、码头货运站等仓储部门、货主、代理等各方在信息流、资金流、服务效益、服务能力等方面产生管理问题及造成损失的可能性。

服务供应链风险是一种不以人的主观意志作为转移的客观现象，比如自然界中的自然灾害、社会领域的战争、意外事故以及各种冲突等，所以，风险是不可避免的。对于集装箱多式联运服务供应链风险而言，其客观存在性主要体现在如下几个方面。

1．多式联运服务供应链本身结构的复杂性

集装箱多式联运服务供应链是由许多不同的独立经营主体构成的复杂组织网络。因此，集装箱多式联运服务供应链的运作比传统的单个企业运作更加复杂。货物通过供应链的不同服务供应商，最终交付到顾客手中，经过了功能性服务商、服务集成商等多个节点企业，其中包括集成、存储、运输、信息处理、售后服务等多个运作环节，与此同时还伴随着物流、信息流、资金流的发生。虽然整个服务供应链是一个利益共同体，但是各个企业的经营理念、目标市场、技术手段、企业文化、管理规范都不一样，这些都会给集装箱多式联运服务供应链的整体协

调性大大增加了难度和复杂度，最终导致服务风险的产生。

2．集装箱多式联运服务供应链的环境不确定性

在集装箱多式联运服务供应链系统里，环境的不确定性主要分为内部不确定性和外部不确定性。系统内部的不确定性包括了实际路段承运人的运输是否准时，仓储部门的货源是否充足，功能性服务提供商的服务是否稳定可靠、计划执行是否顺利、关键人员是否到位，服务集成商的订单处理是否及时、售后服务是否周到等等，这些问题构成了集装箱多式联运服务供应链系统内部的不确定性。系统外部的不确定性主要包括资源环境、政治环境、经济环境、市场需求环境、自然环境等因素的不确定性，而这些因素都是客观存在、不可避免的，只能通过服务供应链系统自身的调节来适应。系统内外部的这些不确定性因素的存在也造成了集装箱多式联运供应链风险的客观存在性。

3．服务供应链的全球化趋势

全球经济的发展趋势已经由以前的“本地化”生产销售模式转变为“全球化”的生产销售模式。企业的供应链可以从地球的一端延伸至另外一端，全球化的采购、生产、安装、配送模式日益发展，例如一些电子产品，可以由美国提供技术支持，在中国采购，在印度组装，最后在全球销售。供应链全球化的目的是为了尽可能地降低物流成本和劳务成本，但长距离运输也带来了更多的货物安全问题和更高的产品返修率，从而增加运输方面的风险，进而影响到集装箱多式联运服务。另外，供应链的全球化使企业节点的分布更加宽泛，有些劳动力成本低的国家或者地区的社会经济状况不是很稳定，很容易影响多式联运供应链的正常运作，也增加了风险发生的可能性[103]。

6.1.2 集装箱多式联运服务供应链风险的特点

1．传递性

传递性是由多式联运服务链自身的组织结构所决定的，一般是指风险在服务

供应链各企业之间相互传递。由于集装箱多式联运服务供应链产品的不可分割性(“一票到底”服务模式)，当一个服务方遭遇风险时，将会给上下游服务企业以及整个服务供应链带来危害和损失。

2．多样性和复杂性

集装箱多式联运服务供应链自形成以来就要面对诸多风险，除了诸如人力资源风险、财务风险、金融风险等单节点服务企业所面临的风险，还有合作风险、利润分配风险、道德信用风险、企业文化风险、信息传递风险等由供应链的特有组织结构所决定的企业之间的风险。

3．此消彼长性

当为了降低某种风险概率而做出某个行动时，往往会导致另外一个风险发生的概率升高，这就是风险的此消彼长。总的来说，如果把多式联运服务供应看做可循环企业群，那么在企业群内一种风险的减少必然会引起另一种风险的增加。比如，为了降低运营成本而忽略服务水平，那么势必会增加服务中断风险；为减少服务中断风险而提高服务水平，也会导致运营成本的增加。另外，从相互关系上来说，一个服务企业的风险减少将会导致另一个服务企业的风险增加。

4．实际运营性

由于外部环境复杂多变，集装箱多式联运服务供应链的外部风险是难以避免的。由服务供应链系统的内部因素导致的风险，如协调合作风险、文化理念风险、道德信誉风险、利润分配风险及信息传递风险等，从本质上看也是实际运营风险。

5．波动性

与产品供应链的系统稳定性不同，服务企业的客户一般流动性较大，集装箱多式联运服务供应链也不例外。风险的波动性主要体现在：首先，最终客户具有不稳定性；其次，异质化的客户对服务集成平台的要求的多样性。因此，集装箱多式联运服务供应链比产品供应链更易受外部因素的影响而出现风险的波动。

6.1.3 集装箱多式联运服务供应链风险的类别

1. 信息风险

集装箱多式联运服务供应链的信息风险产生的原因主要在于各企业之间的信息不对称，另外服务供应链的整体结构复杂多变，在信息传输的过程中出错的概率也会增加。信息不完整性的逐级传递使整个集装箱多式联运服务供应链的信息风险不断增加。

在服务传递过程中，合作伙伴对情报传递的不准确会导致核心企业无法准确把握需求变化，从而导致整个服务供应链的效益降低，还有可能引起需求风险。例如，当多式联运经营人根据所获得的数据进行市场需求预测后，将会根据自身预测的结果来调整企业服务产品的内容和质量，与此同时，服务内容及质量的调整会上传到功能性服务提供商，迫使功能性服务提供商根据多式联运经营人的需求增加更多的服务内容，以此类推，最终会导致整个服务供应链的所有企业均增加了负担。如果对实际市场需求的预测并不准确，将会因内耗过高而引发的企业运营成本增加，从而导致企业的金融风险的发生，使整个供应链的运作效率降低。这种现象产生的原因是服务供应链各企业之间的信息传递偏差和数据共享不足。集装箱多式联运服务供应链是由多个企业组成的复杂网络结构系统，节点企业大多数是仓库、码头、车队、配送中心等等，因此，各企业之间的合作关系较为明确。然而个别企业为了自身利润的最大化，可能会通过垄断技术、知识、服务等方法，或者通过发布虚假信息，来诱导其他企业做出对自身有利的改变。当这些问题出现时，整个服务供应链的运营成本和维护支出都将会增加，也必将会提高企业的成本和支出。

当前，信息的传输主要媒介是计算机网络。由于计算机的普及程度高，企业对于计算机的依赖性大，因此计算机的安全问题也会相应带来一定的信息风险。计算机硬件是否故障、企业数据库是否全面、服务器的运行是否稳定、运算速率是否满足要求等问题都会引起信息风险。比如，当服务供应链中一个企业的服务器出现问题，不能及时更新数据库，最新的市场数据就无法提取出来，也就不能做出准确的需求预测，从而影响到整个服务供应链。

另外，信息系统选择不当，软件漏洞等问题都也会产生服务供应链信息风险。当计算机软件故障时，将会导致系统服务异常、订单无法接受、请求无法发送，甚至是企业内部机密文件的泄露等状况，这些都会使企业所提供的服务在同行业竞争中处于不利的位置，也降低了整个供应链的运行效率，使供应链的整体竞争力下降。

2. 管理风险

为了让服务供应链整体能以较低的成本实现较大的利润，在市场竞争中更具竞争力，必须要对各成员企业进行分工协作管理，这样才能统一整合最优的资源，创造出个体企业无法拥有的资源优势。另一方面，由于需要对多家企业进行整合管理，各企业之间的复杂合作关系也很容易发生管理风险。

在服务供应链各节点企业之间进行合作与激励是对集装箱多式联运供应链管理的一个措施。由于各企业之间没有上下属的关系，各自都是自主利益实体，因此合作与激励机制的完善与否、利益分配制度合理与否、协调机制的迅速与否直接影响着服务供应链企业是否能够实现同担风险、共享利益这一理念。当管理机制出现不合理或有较大偏差时，各节点企业之间的积极性将会受到打击与破坏，从而影响服务供应链的正常运作，进而引起管理风险。

一个服务供应链在市场竞争中是否具有优势，一个关键的要素就是其对于风险的反应能力。由于风险的客观存在性，任何一个供应链都会遇到风险。供应链在遇到风险时，各企业，尤其是作为核心企业的多式联运经营人若不能及时做出反应，就会影响整个供应链的有效运作，从而影响整个供应链的稳定性，进而在市场上失去竞争优势。

多式联运作为贯穿整个供应链的服务产品，它的服务质量应当成为供应链的核心关注点。然而多式联运服务产品的质量不是由某一家物流企业决定的，是由整个多式联运服务供应链集体决定的。若服务供应链中的某一服务商提供的物流服务质量不佳，那么将会直接影响到其他功能性服务提供商的服务质量；若多式联运经营人对运输服务质量的把控不严，也将会影响整个服务供应链的稳定性，进而引发管理风险。

3. 协同风险

集装箱多式联运服务供应链中的协同风险主要存在于多式联运经营人和功能性服务提供方之间。由于服务供应链中各个企业的管理模式不同，所以风险产生的原因也不尽相同，但是协同风险的发生会使整个服务供应链的运作效率降低，拖延服务进程，对于市场的需求不能进行快速响应。协同风险的发生原因多种多样，如服务不准时、服务水平差、服务实施条件不足、工作人员不专业、反馈机制不全面等等。要选择合适的服务类型，对于市场上的动态及时收集反馈，建立灵活的管理体系，这样可以使功能性服务提供商快速把握市场行情动向，掌握运输市场价格销售变化情况，了解上下游企业信息，避免协同风险的发生。功能性服务提供商要随着业务的开展不断增加自身的管理经验和提高服务技术手段，进而促进其所提供的物流服务的质量不断提高。

4. 市场风险

由于市场需求的不稳定性，服务供应链需要根据现实需求整合、优化和分配各企业之间的资源。随着市场竞争的日益激烈而导致的需求的不规则变化，给物流市场的需求预测增加了很高的难度，进而容易引发集装箱多式联运的需求风险。

另一方面，市场的需求具有周期性，高低峰谷相互交替。正常情况下，当市场经济良好时，市场的需求会不断增加，对物流服务供应链的供应商的要求也会不断增加，整个服务供应链的输入输出能力，资金运作能力以及对需求的把控能力都会承受很大的考验；而当经济形势下降时，相应的需求水平也会下降，供应链的整体收入则会降低，某些企业为了维护自身的利益，节约成本，可能会选择保本运营。

5. 信用风险

在集装箱多式联运服务供应链中，业务能力、需求量、物流商品的合法性等因素都会给物流企业带来潜在的风险。比如，客户的商品是通过走私获得的，则存在被罚没的风险，而商品一旦被罚没，其他的服务内容也会随之中断，由此将会导致各层级企业的信任危机，进而引发服务供应链信用风险。

对于信用风险，首先要建立和整合信用制度。客户的资信风险、商品的监管风险、仓单风险都与信用风险相关。服务供应链各节点企业作为市场上的一个单独个体，都有追求利润最大的本能，如果没有有效的信用监管机制，个别企业可能为了自身利益最大化而抛弃诚信与道德，损害其他企业利益。

所以，多式联运经营人不仅要建立信用制度，而且要有信用整合能力，要对上下游企业建立信用管理档案制度，运用动态分级模式和财务管理模式，进行全方位的信用等级管理。节点物流企业可以借鉴银行对信用评估和风险管控的办法，利用自己掌握客户的第一手资料，与银行一起开展项目信用风险评估，这样可以在业务开展时形成互动的监督和控制机制，不仅能有效地控制风险，同时也可以加强与银行的信用关系。

6. 环境风险

集装箱多式联运服务供应链结构的复杂，所面临的环境风险主要分为内部和外部两大类。内部风险主要指合作服务商过少、企业的财务状况不佳等问题。在集装箱多式联运服务供应链中，当与多式联运经营人合作的供应商过少时，若出现运力不足或运费较高的情况，就会危害到整个服务供应链，进而造成内部环境风险。多式联运经营人作为服务供应链的核心企业，直接面向托运人和货主，其提供的物流服务资源是最核心的资源，一旦多式联运经营人出现经营问题，将引起“多米诺骨牌”效应，使整个供应链瘫痪，造成供应链的服务中断危机。

集装箱多式联运面临的外部风险主要分为自然灾害和社会影响两大类风险。自然环境风险是指由一些不可抗拒的自然因素造成的，如地震、火灾、雾霾等，这些自然因素都可能给运输服务供应链中的企业造成巨大的损失。而社会影响风险主要包括了政策的变更、社会的动荡、产业的限制、公共事业的供给不足等。当一项政策变更时，企业对某个相关项目所投入的资金、设定的目标、预期的收益以及相应的管理活动都会发生改变。例如，当国家发布一项物流产业相关的调整政策时，就为供应链中的相关企业提供了调整的导向，若该政策为积极性扶持政策，那么相关企业就可借此实行结构优化，加大运力投入或基础设施建设，进而优化供应链整体结构；但是若该政策为限制政策，那么相关企业则会重新考虑投入水平，从而影响整个供应链的组织结构调整。若新政策发布后对整个服务供应链的限制较大，且不能获得预期的收益，那么企业则需要斥资对业务结构进行重新调整，以应对环境风险。

6.1.4 集装箱多式联运服务供应链风险分析的目的

要保证多式联运安全、顺利地进行，风险分析是必不可少的环节。通过风险分析，可以从整体上系统地认识多式联运服务供应链的风险，做出科学、合理的决策。多式联运服务供应链风险分析有以下两个目的。

(1) 挖掘风险因素之间的内在联系。影响多式联运服务供应链的风险因素有很多，看似互不相干，然而通过分析会发现某些风险因素存在相互影响，甚至来自同一个风险源。通过风险分析，找出多式联运风险因素之间的相互关系，有助于更好地管理风险，减少不必要的损失。

(2) 通过对多式联运进行风险分析，确定各个风险因素的风险等级，找出影响多式联运服务供应链安全的关键性因素。针对不同等级的风险因素，采取不同的处理措施，降低风险发生的概率，帮助管理者做出正确的决策。

6.1.5 集装箱多式联运服务供应链风险的识别方法

目前，风险识别已有很多成熟的方法，表 6.1 简要介绍了几种常用的方法[104]。

表 6.1 风险识别方法对比表

风险识别方法	简介	优点	缺点
德尔菲法	专家意见法，用于预测和决策过程，也可以用于评价指标体系的建立	◆ 简便易行 ◆ 综合各种意见 ◆ 在缺少原始资料或足够统计数据情况下，可做出定量估计	◆ 过程比较繁琐，花费时间较长 ◆ 可能受主观影响
流程图法	用一系列的流程图展示多式联运经营活动的全过程，对每一环节逐一进行调查分析	◆ 既识别非技术风险，也可识别技术风险 ◆ 把多式联运分解为几个部分进行管理 ◆ 简明直观	◆ 绘制流程图有一定难度 ◆ 需要大量时间 ◆ 复杂系统较难描述清楚
幕景分析法	用图表或者曲线等表示当某个风险因素变化时，整个多式联运的变化情况	◆ 定性定量相结合 ◆ 易发现关键性因素 ◆ 结果的多样化	◆ 存在“隧道眼光”现象，缺乏对多式联运的全盘考虑
现场调研法	到现场实地考察多式联运各个环节	◆ 可获得多式联运风险的第一手资料	◆ 可操作性低，耗时耗力 ◆ 缺乏系统考察
故障树分析法	利用图解的方式将大的故障分解成各种小的故障，从上到下逐级建树，并分析其原因	◆ 形象直观，因果关系明确 ◆ 定性分析加定量分析	◆ 针对一个特定风格先做分析，有局限性 ◆ 复杂系统不易绘制故障树
分解分析法	将大系统分解为具体的组成要素，从而识别风险	◆ 逻辑关系明确 ◆ 小系统易于解释风险	◆ 很难将大系统全面地分解为小系统

6.2　集装箱多式联运服务供应链风险的预警分析

6.2.1 风险之间的关联性分析

根据上述风险成因，可以将集装箱多式联运服务供应链风险分为供应链内部风险与供应链外部风险两大类，其中内部风险包括信息风险、管理风险；外部风险包括协同风险、需求风险、信用风险、环境风险。在内部风险中，合作伙伴的信息失真、信息系统和软件选择不当、信息共享水平低、计算机故障是触发信息风险的主要因素；企业文化差异、供应商选择不当、服务质量不佳、客户管理关系差是触发管理风险的主要因素。在外部风险中，服务不准时、工作人员不专业、服务实施条件不足、反馈机制不全面是触发协同风险的主要因素；需求波动较大、服务运价过低、客户财务状况不好、同行恶性竞争是触发需求风险的主要因素；负债率高、负面信息、合作伙伴利润分配不均、合作伙伴的自利行为是触发信用风险的主要因素；自然灾害、政策变更、公共事业供给不足、产业限制是触发环境风险的主要因素。因此，可以将集装箱多式联运服务供应链的风险与关联因素总结为表 6.2。

表 6.2　集装箱多式联运服务供应链风险与关联因素

一级指标	二级指标	关联因素
内部风险	信息风险	◆ 合作伙的信息失真 ◆ 信息系统和软件选择不当 ◆ 信息共享水平低 ◆ 计算机故障
	管理风险	◆ 企业文化差异 ◆ 服务商选择不当 ◆ 服务质量不佳 ◆ 客户管理关系差

续表

一级指标	二级指标	关联因素
外部风险	协同风险	◆ 服务不准时 ◆ 工作人员不专业 ◆ 服务实施条件不足 ◆ 反馈机制不全面
	需求风险	◆ 需求波动较大 ◆ 运价水平过低 ◆ 客户财务状况不好 ◆ 同行恶性竞争
	信用风险	◆ 负债率高 ◆ 负面信息 ◆ 合作伙伴利润分配不均 ◆ 合作伙伴的自利行为
	环境风险	◆ 自然灾害 ◆ 政策变更 ◆ 公共事业提供不足 ◆ 产业限制

除此之外，其实还有很多会触发集装箱多式联运服务供应链风险的因素没有列举在内，例如员工培训不足、资金链暂时中断、营销失败等，由于这些因素对于风险的影响程度比较小，所以本书并没有对这些因素做进一步的入研究。

6.2.2 关联规则算法

关联规则算法是比较常见的数据挖掘方法之一。关联规则最初是为了发现不同商品(或服务) 之间联系规则的，通过对数据库中大量数据进行挖掘分析，能够发现顾客的购物心理需求，科学地摆放货物，合理地安排库存以及进货，从而节约成本，提高销量。在数据挖掘中常用的关联规则算法有以下四种。

1. Apriori 关联规则算法

该算法的重心在于通过检索数据库内所有的数据，找出同时发生的事件，目的是找出可靠有效的规律。这种算法被称为关联规则中最经典的算法，主要是通过不断的连接和剪枝产生新的候选项集，然后计算其置信度和支持度。

2. FP-Growth 算法

FP-Growth 算法是将整个数据库放入一个数据结构内，以递归的方式对数据结构进行挖掘，找出频繁项集，减少对数据库的搜索量。因为数据结构所占内存要比原始数据库小很多，所以计算速度得到很大的提高，挖掘效率得到很大的改善。

3. Eclat 关联规则算法

Eclat 关联规则算法与 Apriori 和 FP-Grwoth 相比，更具有深度。Eclat 关联规则算法采用了颠倒序号和项的方式，即将原数据库中的项作为序号，将序号作为项。转换后的数据表使频繁项集的生成速度得到很大的提升，进而提高了运算效率。

4. 灰色关联分析法

用以测量两个事物之间的关联性。两个事物发展趋势一致性的大小，被称为“灰色关联度”。若两事务之间同化程度越低，则关联程度越低，反之亦然。

鉴于集装箱多式联运服务供应链风险事件的特殊性以及数据库的大小程度，本书采用 Apriori 算法进行数据分析，对同时发生的风险事件之间找出关联度，从而达到风险预警的目的。

6.2.3 关联规则算法思路

首先，对最小支持度、最小置信度、项集以及支持度计数做出定义。

1. 最小支持度与最小置信度

支持度是指项集 A、B 在数据库中同时发生的概率：

$$\text{Support}(A \rightarrow B) = P(A \cup B) \tag{6.1}$$

置信度是指在数据库中，当项集 A 发生的时候，项集 B 发生的概率：

$$\text{Confidence}(A \to B) = P(B \mid A) \tag{6.2}$$

支持度是判读数据挖掘结果有效性的一个重要的参数，当支持度高时，说明该结果经常出现，即为有效结果；当支持度低时，说明该结果只是偶然出现，不具备研究价值。从现实角度出发，支持度低的数据挖掘结果是没有必要关注的，企业没有必要为了这些很少出现的现象做出改变。因此，最小支持度的目的是为了剔除那些无关紧要的关联规则。

置信度是通过关联规则推理而出，所以具有相对的可靠性。假设数据挖掘结果为 A→B(80%)，即由事件 A 推出事件 B 的置信度为 80%，可以理解为事件 B 在事件 A 发生下的条件概率为 80%。当置信度越高时，规则的可靠性越高。最小支持度是由关联规则算法使用者定义的一个阈值，即一个关联规则结果的最低可信度。当由关联规则算法得出的结果同时满足最小支持度和最小置信度的阈值时，我们称此结果为强关联规则。

对于关联规则筛选出的结果，它表示在规则下前后事件同时出现的支持度和置信度，但这种推论并非一定具有因果关系，所以对于出现结果的分析非常重要。作为分析人员，对于因果分析中关于数据原因和结果属性的知识储备是十分重要，并且这些因果分析很可能涉及到长期出现的联系。

2. 项集

所谓的项集就是指若干个项的集合。当某个项集中有 K 个项，则称为 K 项集，如集合{白粥、咖啡、豆浆、油条}为 4 项集。

3. 支持度计数

在数据库中所有项集出现的次数被称为支持度计数或绝对支持度。如果项集 K 的支持度计数超过了最初定义的阈值，则称 K 为频繁项集，记做 LK。

当已知项集总支持度计数，项集 A 的支持度计数和项集$A \cup B$的支持度计数，那么我们可以计算出关联规则$A \to B$的支持度与置信度，计算方法如下：

$$\text{Support}(A \rightarrow B)=\frac{A\text{、}B\text{同时发生的事务个数}}{\text{所有事务的个数}}=\frac{\text{Support\_count}(A\cup B)}{\text{Total\_count}(A)} \tag{6.3}$$

$$\text{Confidence}(A \rightarrow B)=P(B\mid A)=\frac{\text{Support}(A\cup B)}{\text{Support}(A)}=\frac{\text{Support\_count}(A\cup B)}{\text{Support\_count}(A)} \tag{6.4}$$

因此，若要判断关联规则 A→B 或 B→A 是否为强关联规则，只需要知道项集总支持度计数、项集 A 的支持度计数、项集 B 的支持度计数和项集 A∪B 的支持度计数，然后通过公式(6.3) 和公式(6.4) 计算出该关联规则的支持度与置信度是否满足阈值，从而得出该关联是否为强关联规则。

6.2.4 关联规则算法设计

Apriori 算法的主要计算思路是在数据库中找出最大的频繁项集，利用得到的最大频繁项集与预先设定的最小置信度和支持度的阈值相比较，并生成强关联规则[105]。因此，找出数据集中的最大频繁项集是关联规则 Apriori 算法的核心思想，然后通过计算得到的最大频繁项集与最小置信度，并由此判断是否为强关联规则。

Apriori 关联规则算法的实现主要有两个步骤。

1. 连接

连接的作用是生成 K 项集。对预先设定的最小支持度，通过对项数为 1 的候选集 D1，删除小于最小支持度的项集，得到 1 项频繁项集 L1；然后由 L1 通过与自身连接生成两项候选集 D2，保留 D2 中满足最小支持度的项集，得到 2 项频繁集 L2；而后由 L2 与 L1 连接生成 3 项候选集 D3，保留 D3 中满足最小支持度的项集得到 3 项频繁集 L3，如此不断循环，将会得到频繁项集 LK。

2. 剪枝

连接后面的操作就是剪枝。剪枝的作用是通过对比最小支持度，将不满足的项集剔除掉，为下一步的运算缩小搜索空间的范围。因为频繁项集的所有非空子集也是频繁项集，则 LK-1 与 LK 连接生成 CK 也是频繁项集。

Apriori 数据关联规则的算法设计如图 6.1 所示。

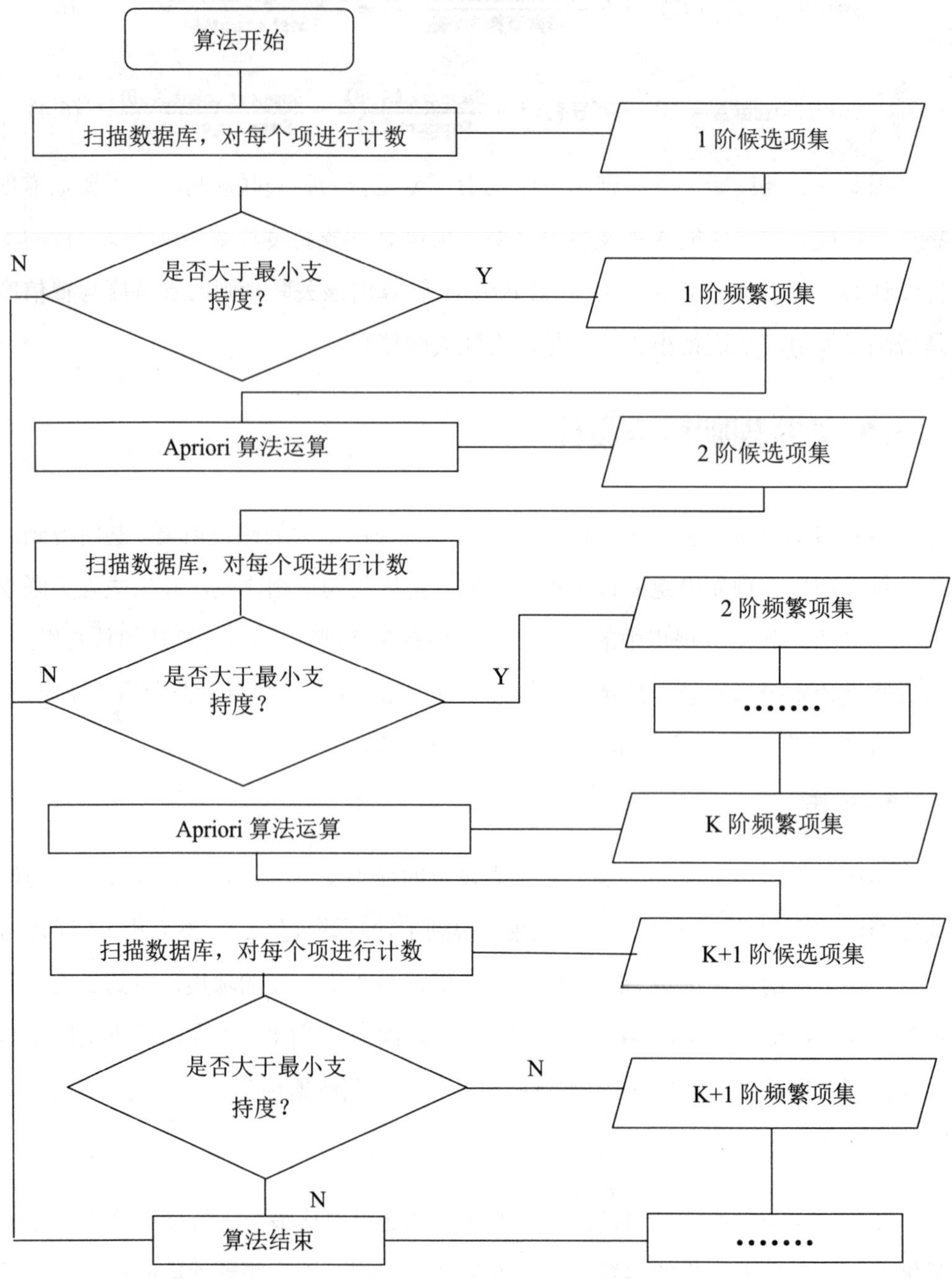

图 6.1　Apriori 算法流程图

6.3 算例分析

6.3.1 数据设定

对风险进行预测所需要的数据，一般有两种方法获得。一种是通过收集服务供应链中各企业历年来因发生风险事件造成损失而产生的数据，当损失的程度影响到公司的正常运营时，就将造成该损失的事件标记为风险事件；另外一种方法是通过模拟实验获得以上数据。由于现实中集装箱多式联运服务供应链的风险数据具有保密性而不容易获得，加之数据的真实性、完整性都难以保障，所以本书采用模拟实验，即算例获取数据。

本书对数据的采集过程是利用角色扮演的方式，即通过模拟集装箱多式联运服务供应链上的节点企业，以及通过查找多式联运经营人企业过去一年内的公告和财务报表来估计出这个企业在一年来所发生的风险事件，并做好记录。

将模拟的多式联运服务供应链节点企业过去一年来所发生的风险事件进行整理，并对所采集到的数据消除无效和冗余数据，对于缺失数据按照行业平均值计算。如果数据来源于多个数据库，则需将数据库合并起来，存放于同一个 excel 表中。去除数据库中与分析无关的数据，如企业名称，业绩，员工人数等，仅保留与风险相关的因素内容，以同一个企业所发生的风险为一个项集，所发生的风险因素称为项。

在运算过程中，对服务供应链风险进行参数化是为了使运算更加简单，通常使用字母 $Sn(n=1，2，\cdots，6)$来表示服务供应链中不同类型的风险，见表 6.3。

表 6.3　集装箱多式联运服务供应链风险代码

风险代码	风险类型
S_1	信息风险
S_2	管理风险
S_3	协同风险
S_4	需求风险
S_5	信用风险
S_6	环境风险

由于该供应链风险因素较多，为了加快运算速度需要将它们参数化，使结果显示更加直观，见表 6.4。

表 6.4　服务供应链风险因素代码

风险类别	风险代码	风险因素
S_1：信息风险	I_{11}	合作伙伴的信息失真
	I_{12}	信息系统和软件选择不当
	I_{13}	信息共享水平低
	I_{14}	计算机故障
S_2：管理风险	I_{21}	企业文化差异
	I_{22}	服务商选择不当
	I_{23}	服务质量不佳
	I_{24}	客户管理关系差
S_3：协同风险	I_{31}	运输不准时
	I_{32}	工作人员不专业
	I_{33}	服务实施条件不足
	I_{34}	反馈机制不全面
S_4：需求风险	I_{41}	需求波动较大
	I_{42}	运价过低
	I_{43}	客户财务状况不好
	I_{44}	同行恶性竞争

续表

风险类别	风险代码	风险因素
S_5：信用风险	I_{51}	负债率高
	I_{52}	负面信息
	I_{53}	合作伙伴利润分配不均
	I_{54}	合作伙伴的自利行为
S_6：环境风险	I_{61}	自然灾害
	I_{62}	政策变更
	I_{63}	产业限制
	I_{64}	公共事业提供不足

模拟 20 家以上供应链节点物流企业的风险事件，算例数据由表 6.5 给出。

表 6.5　集装箱多式联运服务供应链风险数据

企业	风险事件
C1	I11，I14，I21，I52，I53，I54，I64
C2	I12，I13，I22，I24，I32，I41，I52，I61，I63
C3	I11，I34，I41，I42，I53，I64
C4	I13，I14，I23，I32，I33，I42，I44，I52，I53，I54，I61，I63
C5	I13，I14，I21，I22，I24，I44，I51，I61，I63
C6	I13，I14，I34，I43，I44，I51，I52，I62
C7	I13，I14，I24，I33，I43，I44，I52，I63
C8	I11，I34，I43，I53，I54，I62，I64
C9	I12，I13，I14，I22，I41，I51，I61，I63
C10	I23，I31，I32，I33，I52，I53，I54
C11	I13，I24，I31，I32，I43，I44，I51，I52，I63
C12	I31，I32，I41，I42，I53，I64
C13	I13，I14，I24，I41，I44，I52，I61，I63
C14	I13，I14，I24，I61，I63，I64
C15	I32，I53，I54，I62
C16	I14，I22，I24，I33，I52，I61，I63
C17	I13，I24，I31，I34，I51，I63
C18	I11，I13，I31，I33，I41，I53，I54，I62
C19	I13，I41，I42，I52，I53，I64
C20	I12，I14，I21，I22，I34，I41，I43，I44，I52
…	…

6.3.2 风险等级设定

对于服务供应链风险进行等级划分，是为了对数据挖掘的结果进行更好的评估和管理。根据多式联运供应链风险度量方法，可以将风险划分为 5 级，风险越高，等级越高。对于风险等级设定取值范围，并对所有的风险结果进行等级处理。每一个等级代表了相应的风险影响程度。多式联运供应链风险等级及取值范围见表 6.6。

表 6.6 风险等级评定

赋值	等级	定义
[0,0.2)	轻微影响	一旦发生对企业以及供应链几乎没有影响，只需要简单的措施就可以处理
[0.2,0.4)	轻度影响	一旦发生造成的影响较少，一般只需要通过内部协调即可解决问题
[0.4,0.6)	中等影响	一旦发生将会对企业的经营造成一定的影响，但是影响程度和波及面积不会太大
[0.6,0.8)	严重影响	一旦发生将会造成较大的影响，对整个供应链都会产生影响，在一定的范围内对企业的经营和信誉造成打击
[0.8,1]	灾难性影响	一旦发生将会造成很严重的影响，对整个供应链的经济和稳定都会产生非常大的影响，会造成巨大的损失，影响恶劣

6.3.3 关联规则算法设计说明

假设数据集见表 6.7。

表 6.7 算例数据

项集	项
1	I1，I2，I3
2	I2，I3，I5
3	I1，I3，I4，I5

续表

项集	项
4	I1，I2，I3，I5
5	I4，I5
6	I2，I4
7	I1，I2，I4
8	I2，I3，I4，I5

假设最小支持度为 0.3(计数度为 3)，通过扫描以上 8 个事务数据集，得到 Apriori 关联规则算法的流程如图 6.2 所示。

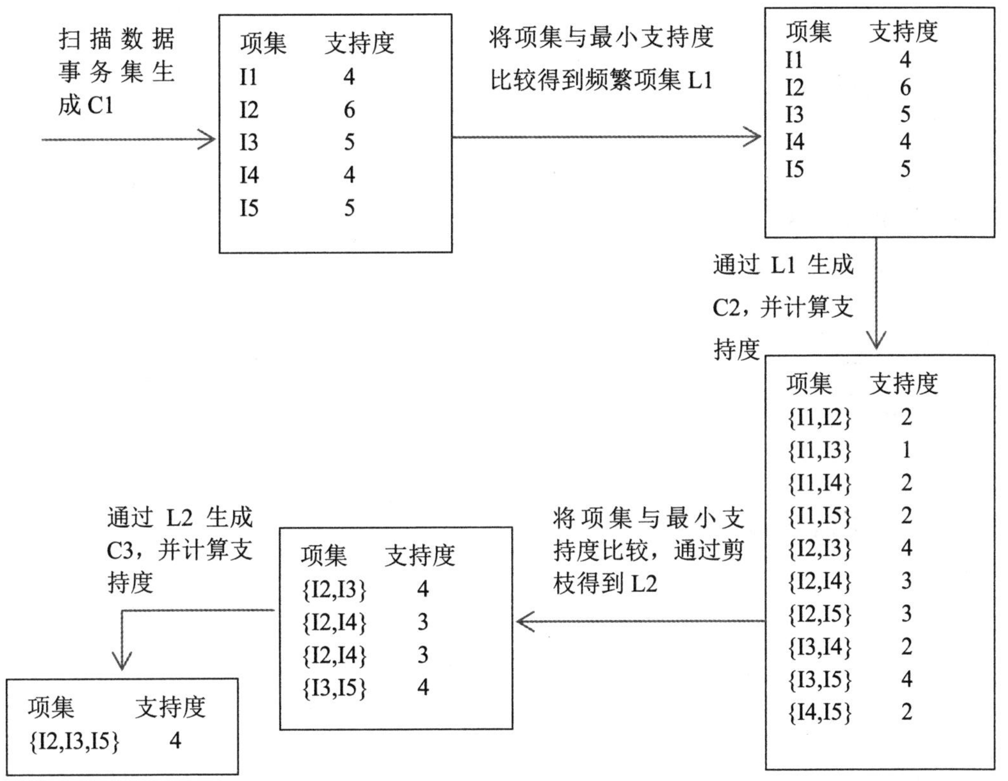

图 6.2　算例计算流程图

通过以上计算，可以由频繁项集得知各个数据之间的关联性，见表 6.8。

表 6.8　算例计算结果

Rule	Support	Confidence
I2-> I3	50%	66.6667%
I3-> I2	50%	80%
I3-> I5	50%	80%
I5-> I3	50%	80%
I1-> I2	37.5%	75%
I1-> I3	37.5%	75%
I3-> I1	37.5%	60%
I4-> I2	37.5%	60%
I5-> I2	37.5%	60%
I4-> I5	37.5%	60%
I5-> I4	37.5%	60%
I3-> I2 I5	37.5%	60%
I5-> I2 I3	37.5%	60%
I2 I3 -> I5	37.5%	75%
I2 I5-> I3	37.5%	100%
I3 I5-> I2	37.5%	75%

比如当事件 I2 发生时，那么事件 I3 发生的支持度为 50%，置信度为 66.667%，因此当遇到事件 I2 时，也应该要做好事件 I3 的发生的准备。

6.3.4 数据挖掘过程

使用 Apriori 关联规则算法的数据挖掘伪代码如下。

输入：数据集 D；最小支持度 minsupport

输出：频繁项集 L

L[1] = {频繁1项集}

for(k=2；L[k−1]不为空；k++){

B[k] = candidate_gen(L[k−1])；//根据 L[k−1]产生新的候选频繁项集 B[k]

```
For all transactions t ϵ D； {//对所有的事件记录做循环
B= subset(B[k]，t)；//找到当前的事件记录 t 和候选频繁项集 B[k]的交集
For all candidates c ϵB do
c.count ++； }
L[k] = {c ϵ B[k] | c.count >= minsup}； }
Answer = L=∪L[k]=L[1] ∪ L[2] ∪ ... ∪ L[k]
candidate_gen(L[k-1])
输入：(k-1)-项集
输出：k-候选集 C[k]
for all itemset p ∈ L[k-1]
for all itemset q ∈ L[k-1]
if(p.item1=q.item1,p.item2=q.item2,...,p.item(k-2)=q.item(k-2),p.item(k-1)<q.item(k-1))
c=p∞q;
if(has_infrequent_subset(c,L[k-1]) delete c;
else add c to B[k];
End for
End for
return B[k];
has_infrequent_subset(c,L[k-1])
输入：一个k-项集c，(k-1)-项集L[k-1]
输出：c是否从候选集中删除
for all (k-1)-subsets of c
if S ∉ L[k-1]
return true;
return false;
```

将 apriori 算法的执行代码存储在 cal_apriori.m 的脚本 M 文件中，将 Apriori 算法所需要运用的函数文件存储在 findRules.m 和 trans2matrix.m 的函数 M 文件中，数据存储 menu_orders.txt 文本文件中，将 M 文件与数据导入 MATLAB 中。

不同的支持度与置信度的阈值将会影响关联规则显示的数量。例如，将支持度的阈值设置为 30%，将置信度的阈值设置为 50%，即数据挖掘的结果中支持度小于 30%或者置信度小于 50%的关联规则将自动剔除，不显示在结果列表中。所以，若阈值设置过小，将会产生过多弱关联的关联规则，加重分析人员和决策者的工作量；若阈值设置过大，将会产生过少的关联规则，不仅无法找到足够有效的规则，同时也浪费了大量的宝贵数据及资源。所以设置合适的支持度与置信度阈值尤为重要。这需要通过多次实验来寻找合适的阈值，找到适量的关联规则，以方便开展下一步的分析研究。

为了研究方便，将初始阈值设置为 s(支持度) =20%，c(置信度)=30%，以 5%为幅度依次递增，见表 6.9。

表 6.9　不同阈值所产生的关联规则数

阈值	s=0.2；c=0.2	s=0.25；c=0.2	s=0.25；c=0.25	s=0.3；c=0.25	s=0.3；c=0.3	s=0.35；c=0.3	s=0.35；c=0.35	s=0.4；c=0.35	s=0.4；c=0.4
规则数	104	34	34	16	16	4	4	2	2

为了研究的方便性，本文取值 s=0.25，c=0.25；所产生规则数为 34，经 MATLAB 运算过后的关联规则结果见表 6.10。

表 6.10　数据挖掘结果

Rule	Support	Confidence
I13-> I63	40.2062%	67.2414%
I63-> I13	40.2062%	86.6667%
I24-> I63	38.1443%	94.8718%
I63-> I24	38.1443%	82.2222%

续表

Rule	Support	Confidence
I13-> I14	34.0206%	56.8966%
I14-> I13	34.0206%	73.3333%
I13-> I24	34.0206%	56.8966%
I24-> I13	34.0206%	84.6154%
I13-> I52	31.9588%	53.4483%
I52-> I13	31.9588%	64.5833%
I13-> I24,I63	31.9588%	53.4483%
I24-> I13,I63	31.9588%	79.4872%
I63-> I13,I24	31.9588%	68.8889%
I13,I24-> I63	31.9588%	93.9394%
I13,I63-> I24	31.9588%	79.4872%
I24,I63-> I13	31.9588%	83.7838%
I14-> I63	29.8969%	64.4444%
I63-> I14	29.8969%	64.4444%
I14-> I52	28.866%	62.2222%
I52-> I14	28.866%	58.3333%
I53-> I54	28.866%	66.6667%
I54 -> I53	28.866%	93.3333%
I61-> I63	26.8041%	89.6552%
I63-> I61	26.8041%	57.7778%
I13-> I61	25.7732%	43.1034%
I61-> I13	25.7732%	86.2069%
I14-> I44	25.7732%	55.5556%
I44-> I14	25.7732%	86.2069%
I13-> I14,I63	25.7732%	43.1034%
I14-> I13,I63	25.7732%	55.5556%
I63-> I13,I14	25.7732%	55.5556%
I13,I14-> I63	25.7732%	75.7576%
I13,I63-> I14	25.7732%	64.1026%
I14,I63-> I13	25.7732%	86.2069%

数据挖掘结果可视化如图 6.3 所示。

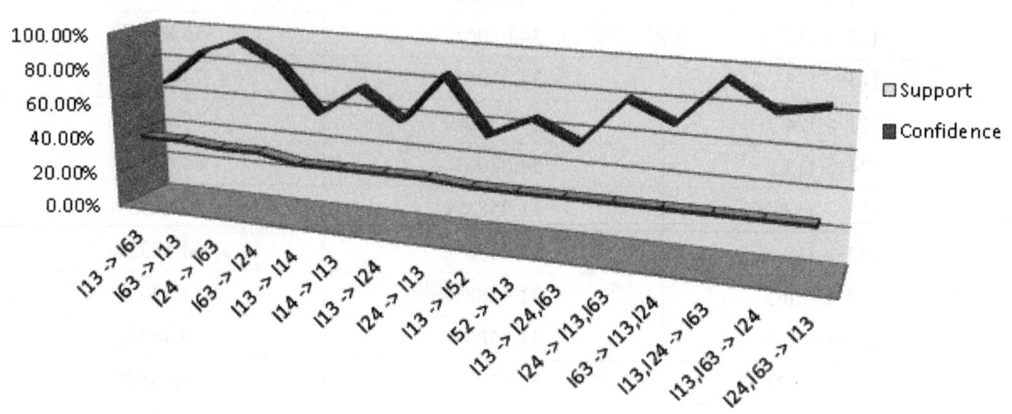

图 6.3 数据挖掘结果可视化

6.3.5 风险事件数据挖掘结果分析

通过以上数据挖掘结果可以得出以下结论。

规则分析 1：事件 I13(信息共享水平低)到事件 I63(产业限制)的置信度为 67%，即当事件 I13(信息共享水平低) 发生时，那么有 67%的概率会发生 I63(产业限制) 。事件 I13 与 I63 的支持度为 40%，即 I13 与 I63 同时发生的概率为 40%；由这条关联规则可以分析出，当信息共享水平低事件发生时，将暴露出因为产业限制而导致信息共享的不对称性。因为当产业限制时，对于该产业的共享信息都会受到影响，供应链上下游之间的信息传递也会受到影响，所以这条规则为有效规则。

规则分析 2：事件 I14(计算机故障)到事件 I13(信息共享水平低)的置信度为 73%，即当事件 I14(计算机故障) 发生时，那么事件 I13(信息共享水平低)有 73%的概率发生。由这条关联规则可以分析出，在事件计算机故障发生时，将有一定的概率发生信息共享水平低事件，因为当前信息主要传播工具是计算机，所以当计算机出现故障时，信息共享水平自然会降低，此规则为有效规则。

规则分析 3：事件 I54(合作伙伴自利行为) 到事件 I53(合作伙伴利润分配不均) 的置信度为 93%，即当事件 I54(合作伙伴自利行为) 发生时，那么会有 93%的概率发生事件 I53(合作伙伴利润分配不均)，事件 I54(合作伙伴自利行为) 与 I53(合作伙伴利润分配不均) 的支持度为 28%，即事件 I54(合作伙伴自利行为) 与事件 I53(合作伙伴利润分配不均)同时发生的概率为 28%。由这条规则很容易可以看出，当合作伙伴出现过自利行为的时候，说明其是为自身获得更高的利益而不择手段的，此时他不会在乎太多的合作问题，在利润的分配上必然难以达到双方都满意的结果。因此这条规则为有效规则。

规则分析 4：事件 I13(信息共享水平低) 与事件 I24(客户管理关系差) 同时发生时，事件 I63(产业限制) 发生的置信度为 93%，即当事件 I13(信息共享水平低) 和事件 I24(客户管理关系差) 发生时，事件 I63(产业限制) 几乎一定发生；事件 I13(信息共享水平低) 与事件 I24(客户管理关系差) 同时发生时，事件 I63(产业限制) 发生的支持度为 32%，即三个事件同时发生的概率为 32%。由这条规则可以分析出，在服务供应链中，当信息共享水平低和客户管理关系差这两个事件同时发生时，那么可以推导出产业限制这一事件发生。反过来推导，当产业限制时，由于公开的信息不足，所以会造成信息共享水平变低，然而客户不一定会理解这种产业限制的政策机制，所以将会导致客户管理关系差。因此这条规则为有效规则。

规则分析 5：事件 I61(自然灾害)到事件 I13(信息共享水平低) 的置信度为 86%，即当事件 I61(自然灾害)发生时，那么将会有 86%的概率发生事件 I13(信息共享水平低)；事件 I61(自然灾害)到事件 I13(信息共享水平低) 的支持度为 26%，即事件 I61(自然灾害)与事件 I13(信息共享水平低) 同时发生的概率为 26%。但是，这条规则中的自然灾害和信息共享水平是完全没有联系的，因此此规则为无效规则，不产生任何价值。

6.3.6 风险关联性数据挖掘结果分析

挖掘出集装箱多式联运供应链风险事件之间的关联性之后，通过风险事件与供应链风险之间的联系，可以推断出即将发生的供应链风险，从而做出防范。

为此，建立如下模型：

$$s_n=\beta_{n1}x_{n1}+\beta_{n2}x_{n2}+\beta_{n3}x_{n3}+\beta_{n4}x_{n4} \tag{6.5}$$

其中 n 代表 6 类不同的风险(n=1,2,3,4,5,6) ；s 为供应链风险的影响程度，β 为风险事件的影响系数，x 为风险事件，约定当风险事件发生时，x 的取值由置信度决定。即当风险事件发生时，通过置信度与影响系数相乘，得出该事件对整个集装箱多式联运服务供应链的影响程度，从而判断风险的严重程度；对于风险的影响系数，可以通过专家打分法获得，现假设影响系数矩阵如下所示：

$$\begin{pmatrix} 0.3 & 0.3 & 0.2 & 0.2 \\ 0.2 & 0.2 & 0.4 & 0.2 \\ 0.3 & 0.2 & 0.2 & 0.3 \\ 0.4 & 0.2 & 0.2 & 0.2 \\ 0.2 & 0.2 & 0.3 & 0.3 \\ 0.3 & 0.3 & 0.2 & 0.2 \end{pmatrix}$$

风险分析 1：如规则分析 1 中所述，事件 I13(信息共享水平低)到事件 I63(产业限制)的置信度为 67%，则取值为 $x_{13}=0.67$，由规则分析 1 可以得到当事件 I13(信息共享水平低)发生时，那么有一定概率会发生事件 I63(产业限制)。由关联规则结果得出，由事件 I63(产业限制)推出事件 I13(信息共享水平低)的置信度为 86%，所以 $x_{63}=0.86$。由此计算事件 I13(信息共享水平低)对 s6(环境风险) 的影响程度，将数据代入模型中，得到 $s_1=0.3\times0+0.3\times0+0.2\times0.67+0.2\times0=0.134$；$s_6=0.3\times0+0.3\times0+0.2\times0.86+0.2\times0=0.172$，属于轻微影响范围。即事件 I13(信息共享水平低)发生时，将会导致服务供应链面临轻微程度的信用风险以及环境风险，虽然对供应链中的企业影响范围不算太广，但是由于涉及到两个方面的风险，仍然需要核心企业注意，并采取一定的措施来止损。

风险分析 2：由规则分析 3 可以得到，事件 I54(合作伙伴自利行为) 到事件 I53(合作伙伴利润分配不均)的置信度为 93%，则 $x_{54}=0.93$。同时由关联规则结果可以得到事件 I53(合作伙伴利润分配不均)到事件 I54(合作伙伴自利行为) 的置信度为 66%，

则 $x_{53}=0.66$。将数据代入模型中，可以得到 $s_5=0.2\times0+0.2\times0+0.3\times0.66+0.3\times0.93=0.48$，属于中等影响范围。即当合作伙伴出现自利的行为时，由其关联性可以推测出服务供应链将面临中等影响的信用风险。因此合作伙伴的选择至关重要，一旦发现其有自利的行为，应该尽早做好防范措施，避免造成更大的损失，并且尽快寻找更优的合作伙伴。

风险分析 3：由规则分析 4 可以得到，事件 I13(信息共享水平低) 与事件 I24(反馈机制不全面) 同时发生时，事件 I63(产业限制) 发生的置信度为 93%，则 $x_{13}=0.93$，$x_{24}=0.93$。由事件 I63(公共事业提供不足) 推导出事件 I13(信息共享水平低) 与事件 I24(反馈机制不全面) 同时发生的置信度为 68%，即 $x_{63}=0.68$。将数据代入模型中，可以得到 $s_1=0.3\times0+0.3\times0+0.2\times0.93+0.2\times0=0.186$，属于轻度影响；$S_2=0.2\times0+0.2\times0+0.4\times0+0.2\times0.93=0.186$，属于轻度影响；$s_6=0.3\times0+0.3\times0+0.2\times0.68+0.2\times0=0.136$，属于轻微影响。因此，可以得到当信息共享水平低和反馈机制不全面同时发生时，则会对服务供应链造成轻度的信息风险和协同风险，需要加强关注；与此同时，由其关联性将对环境风险造成轻微影响，但不必过分关注。

6.4　集装箱多式联运服务供应链风险防范机制

6.4.1　风险防范机制设计的必要性

设计风险防范机制的目的是为了预防和减少风险的发生，或者把风险所造成的影响和损失尽可能降低。对于集装箱多式联运服务供应链而言，虽然制订风险防范机制要耗费一定的资源、财力，但是其产生的效益也是巨大的，有时甚至是关键性的。对于服务集成方而言，风险防范机制的完善与否，甚至可以成为它的核心竞争力。

多式联运服务供应链与普通供应链一样，其风险是客观存在的必然事件，而且具有复杂性和不确定性等特点。通过数据挖掘以及关联规则算法等技术，可以达到一定的风险预测效果。只有预见风险的存在，才能有效地采取控制措施，避免产生更大的损失。

任何事故的发生都是由于事先预想不到，或没有采取有效的防范措施而造成的。当风险发生后才想到如何去安全有效地管理或者控制，是没有任何意义的。包括集装箱多式联运服务供应链在内的任何供应链都有一定的风险性，如果能够提前意识到风险的存在，并采取有效的控制措施，那么就会减少风险的发生。

根据上一章的数据挖掘结果可知，当企业知道一种风险发生的概率，那么可以通过计算得到另一种风险发生的概率，从而决定是否使用风险防范措施，这样可以使服务供应链处于低成本，低风险，高效率的运行状态。例如，当集装箱多式联运服务供应链遭遇自然灾害时，将会有一定的概率面临公共事业提供不足的问题，供应链将面临中等程度的环境风险，此时，只要供应链中的物流企业针对环境风险做出相应的风险防范措施，就可以尽可能避免风险造成更大的损失。因此，建立风险防范机制是预防风险发生的必要措施。

在集装箱多式联运服务供应链中，风险的发生将会给各个节点上的企业带来不同程度的影响：轻则业务受阻，收入减少；重则运营中断，供应链面临崩溃的风险。因此，对于风险要采取必要的防范措施，可以维护供应链的稳定性，减少节点物流企业和供应链的损失。

6.4.2 风险防范机制设计的内容

针对集装箱多式联运服务供应链的六大风险，做出如图 6.4 所示的风险防范机制关联图。

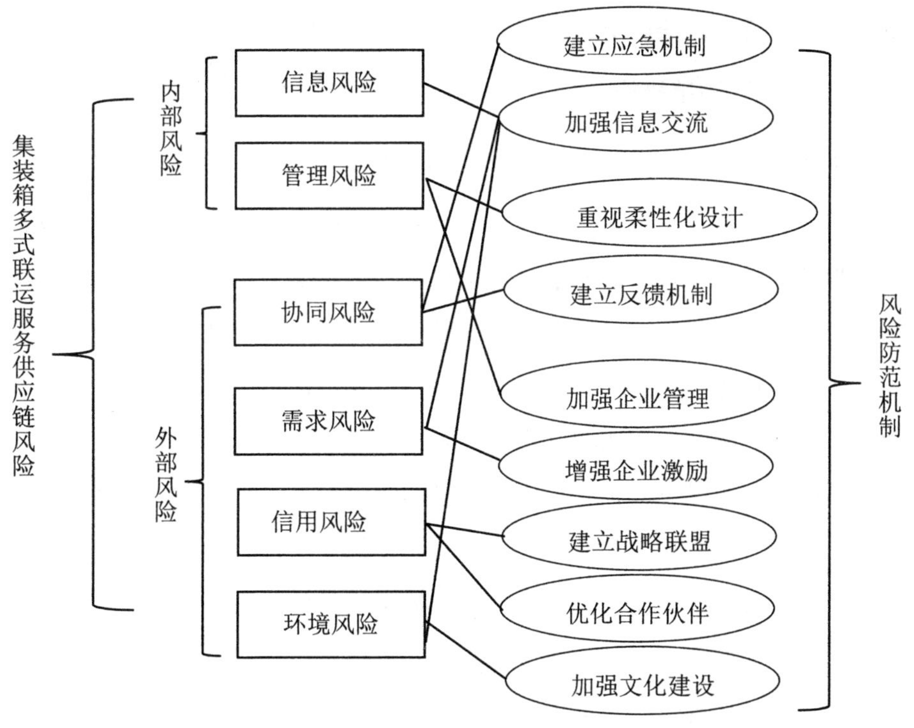

图 6.4　服务供应链风险防范机制构架设计

1．信息风险防范措施

为了防范信息风险，要加强信息交流与共享，增强信息沟通效率。集装箱多式联运服务供应链成员之间应该加强信息沟通交流，建立信息共享机制，加强信息技术的建设，提高企业之间的通信能力，推倒阻隔在企业内各个部门沟通之间的屏障，只有这样才能防范由于信息的缺失和不对称性造成的信息风险。

每个企业也不要只考虑自身的风险问题，要更多地关注整个供应链所处的环境，物流企业之间应该建立多种渠道来传递信息，增强信息的交流与沟通，提高供应链的信息透明度，共享供应链中有关需求、订单、生产计划等重要信息，降低因信息共享程度不足而引起的信息风险。

当服务供应链上下游企业的信息传递沟通能够有先进的通讯方式，规范化的处理流程，以及准时有效的反馈机制时，集装箱多式联运服务供应链中的信息风险就会降低，反之风险就会升高。

2．协同风险防范措施

对于协同风险，要建立应急措施和反馈机制，并且增强节点企业的风险管理。协同风险主要由服务不准时，反馈机制不全面，服务实施条件不足等问题构成，因此，加强服务时效性、建立健全反馈机制、优化服务实施条件是降低协同风险的有效途径。集装箱多式联运服务供应链中，各节点企业之间的主要合作桥梁就是运输服务的传递，因此，加强服务时效性管理，优化服务实施条件，对于提高企业运作效率，降低运营成本，增强供应链整体竞争力的具有重要的作用。

大型的服务集成方对于物流服务质量的要求更高，为了保证价格优势和提供及时可靠的服务，要慎重选择功能性服务提供商。一方面要设立供应链准入机制，将质量高、信誉良好、服务到位作为准入的资格条件，另一方面要对服务供应商基本的情况，如服务可靠性、质量稳定性、价格实惠性、供货及时性、网络可达性，以及企业的信誉情况建立信息数据库，进行动态的跟踪考评，优胜劣汰，最终使企业拥有一支稳定可靠的服务提供商队伍。

加强监督管理小组的建设和反馈程序的规范化建设是服务反馈制度建设的重点。要避免出现不可替代的单一服务商的问题，防止由于单个服务商的服务中断引发的整条供应链的协同风险，这需要在供应链中采用多头服务商的柔性服务供应体系。因此，对于关键服务，必须要有两个以上不同地域的可供选择的服务供应商，以确保服务的稳定安全。

3．管理风险防范措施

对于管理风险，要创建应急机制和重视柔性化管理，保持供应链的弹性。管理风险主要由于供应商选择不当，服务质量不佳、客户管理关系差等原因造成，应对这些风险事件的发生需要有完善的应急处理措施，通过处理突发事件的应急方案来应对偶发的破坏性大的供应链风险。集装箱多式联运服务供应链是一个多通道、多环节的复杂系统，突发事件不可避免，所以，必须建立相应的预警系统和应急机制。

要制定预警系统的风险评价体系，设立预警值，当其中某项指标的数值超过预警值时，应急预警系统应当发出警告，提醒供应链经营者对突发的事件进行处理，降低供应链的风险和损失。

4. 需求风险防范措施

应对需求风险，要加强需求管理、优化物流运输能力和增强对供应链企业的激励机制。需求风险主要是由于因为需求波动大、运价过低、客户财务状况不佳等原因造成的，而加强信息交流与共享、提高信息沟通效率是主要的防范措施。集装箱多式联运服务供应链中的各节点企业之间应共享需求信息、生产计划、销售数据、订单份额等信息，通过建立先进的信息沟通渠道和及时的反馈机制，可以有效的应对需求风险的发生。除此之外，增强企业激励措施，也是应对需求风险的防范方法。通过企业激励，可以提高职工的主观能动性，开发新客户，增加需求源，同时也可以稳定企业内部人心，在遇到风险时共同努力，共渡难关。

5. 信用风险防范措施

防范信用风险，要优化合作伙伴，并建立战略伙伴联盟。信用风险主要是由于合作伙伴的一些不诚信行为造成的，对于此类风险，建立战略合作伙伴关系、优化合作伙伴的选择是重要的防范措施。集装箱多式联运服务供应链企业要形成利润共享、风险共担、互利共赢的合作机制，才能使服务供应链长期处于稳定的状态。要建立长期的合作关系，首要加强供应链成员之间的信任；其次要增强供应链成员企业之间的信息的共享和交流；除此之外，还要建立标准的正式合作关系，在供应链成员之间分担风险和共享利益[106]。

优化选择服务供应链的合作伙伴也是防范风险的重要内容之一。充分利用各节点企业之间的优势互补，组成一个完整的供应链，才能够最大程度地发挥供应链的合作竞争优势。只有供应链上各节点企业都将运输、仓储、分拣、配送等服务都看作是一个整体，才能真正发挥供应链的成本优势，提升市场竞争力。

6. 环境风险防范措施

抵御环境风险，要加强信息交流与共享，提高信息沟通效率，促进供应链文化建设，打造共同的价值观。由于服务供应链的环境风险属于外部风险，且不确定性较高，所以应对此类风险需要加强信息交流共享和供应链文化建设，并且建立供应链的柔性应对机制。现代集装箱多式联运服务供应链管理更强调低成本和高效率，但成本的下降和效率的提高不能以牺牲服务质量为代价，否则就会得不偿失。

既要提高供应链的效率，也要保证供应链的服务质量，采取柔性化制度或许会成为供应链风险防范的新趋势。动态的战略联盟、柔性化的服务供应体系、多元化的信息共享系统，都有助于保障供应链在遇到环境风险时能够更加灵活运作，供应链的应变能力越强，它的生存和发展能力也就越强。

6.5 本章小结

本章主要介绍了集装箱多式联运服务供应链风险的客观性以及与产品供应链风险的异同。通过分析供应链风险的类型和因素，得出集装箱多式联运服务供应链的风险主要有六大类型：信息风险、协同风险、管理风险、需求风险、信用风险、环境风险。运用数据挖掘的方法对集装箱多式联运服务供应链风险进行了数据分析：首先将 24 个会产生供应链风险的事件进行参数化；然后对挖掘出来的事件关联规则进行分析，去除无效的关联规则，保留有效的关联规则，并分析出有效关联规则中隐含的事实联系；最后计算事件对于集装箱多式联运供应链风险的影响，从而得到不同类型的风险之间的关联性，根据关联性的大小即可以预测出当一种风险事件发生时，另一种风险发生的概率。

附录　集装箱多式联运服务供应链服务路段优化模型的算法代码

(1) 定义时刻表和班次数据类。

定义数据类变量 SCHEDULE，表示线路时刻的集合：$SCHEDULE = \cup_{r \in ROUTE} ScheduleRoute_r$;

定义数据类变量 SHIFT，表示运输班次的集合：SHIFT = [1, # SCHEDULE]。

(2) 定义某订单的行驶线路(待求变量) 和线路上的订单(对偶变量)，以下为路段 r 与运单 o 之间的逻辑约束。

$\forall o \in ORDER$

$RouteOrder_o \subset OEDER$,

$\forall r \in ROUTE$

$OrderRoute_r \subset ROUTE$,

$ORDER = \cup_{r \in ROUTE} OrderRoute_r$

$\forall o \in ORDER$

$\forall r \in ROUTE$

$o \in OrderRoute_r \equiv r \in RouteOrder_o$,

(3) 定义线路班次上的时间约束。

限制线路班次时间段的发运时间、到达时间和线路班次的时间区间：

$\forall r \in ROUTE$

$\forall s \in ShiftRoute_r$

$TimeShiftRoute_{r,s} = [t1shift_s, t2shift_s]$,

对线路班次的时间长度约束：

$\forall$ r $\in$ ROUTE

$\forall$ s $\in$ $ShiftRoute_r$

$\#TimeShiftRoute_{r,s} = timeRoute_r$,

约束订单在某线路上的运输时间等于该线路上某班次的运输时间，起始于订单从该线路的出发时间，终止于该线路的到达时间：

$\forall$ o $\in$ ORDER

$\forall$ r $\in$ ROUTE(

$shiftRouteOrder_{o,r} \in ShiftRoute_r$,

$TimeRouteOrder_{o,r}$= [$t1RouteOrder_{o,r}$, $t2RouteOrder_{o,r}$],

),

约束订单在分段线路上的运输时间长度：

$\forall$ o $\in$ ORDER

$\forall$ r $\in$ ROUTE

$\#TimeRouteOrder_{o,r}$= $timeRoute_r$,

约束订单在分段线路上运输的时间长度等于该线路上某班次的时间长度：

$\forall$ o $\in$ ORDER

$\forall$ r $\in$ ROUTE

$TimeRouteOrder_{o,r}$= $TimeShiftRoute_{r,shiftRoute_r}$,

(4) 定义班次与发运时刻表之间的关系约束。

定义数值变量 $t1Shift_s$ 为运输班次 s 的发运时间，对发运时间 $t1Shift_s$ 做逻辑约束，SCHEDULE[s]表示线路时刻集合中的第 s 个元素：

$\forall$ s $\in$ SHIFT

$t1Shift_s$ = SCHEDULE[s],

定义数值变量 $t1Shift_{shiftSchedule_i}$ 为第 i 个运输时刻的班次发运时间，$shiftSchedule_i$ 为第 i 个时刻表对应的班次：

$\forall$ i $\in$ SCHEDULE(

$shiftSchedule_i \in SHIFT$,

$t1Shift_{shiftSchedule_i} = i$,

),

定义集合变量 $ShiftRoute_r$ 表示线路 r 的班次集合：

$\forall\ r \in ROUTE$

$ShiftRoute_r = \{\forall\ i \in ScheduleRoute_r\ shiftSchedule_i\}$,

(5) 定义线路的启用班次集合(模糊变量)。

$\forall\ r \in ROUTE$

$ActiveShiftRoute_r \subset ShiftRoute_r$,

限定线路的启用班次集合能够覆盖该线路上订单的运输班次：

$\forall\ r \in ROUTE$

$\forall\ o \in OrderRoute_r$

$shiftRouteOrder_{o,r} \in ActiveShiftRoute_r$,

限定逻辑关系，订单使用线路的班次所运输的订单集合应当包含该订单，线路上承运的订单应当包含线路启用班次运输的订单，启用线路上某班次等价于该线路班次有货物订单承运：

$\forall\ r \in ROUTE$

$o \in OrderShiftRoute_{r,shiftRouteOrder_{o,r}}$,

$\forall\ s \in ShiftRoute_r($

$OrderShiftRoute_{r,s} \subset OrderRoute_r$,

$s = activeShiftRoute_{r,s} \equiv OrderShiftRoute_{r,s} \neq \varnothing$,

$s = activeShiftRoute_{r,s} \equiv s \in ActiveShiftRoute_r$,

),

$\bigcup_{s \in ScheduleRoute_r} OrderShiftRoute_{r,s} = OrderRoute_r$,

要求同一线路不同时刻的运行任务为不同订单：

$\forall\ r \in ROUTE$

$\forall$ s≠j $\in$ $ShiftRoute_r$

$OrderShiftRoute_{r,s} \cap OrderShiftRoute_{r,j} = \varnothing$,

(6) 定义以某地点$Site_i$为起点的线路集合和以某地点$Site_i$为终点的线路集合。

$\forall$ i $\in$ SITE (

$RouteOriginalSite_i$ = {$\forall$ r $\in$ ROUTE ($idsite1Route_r$ = i ? r:0)} \0,

$RouteDestinationSite_i$ = {$\forall$ r $\in$ ROUTE ($idsite2Route_r$ = i ? r:0)} \0,

),

(7) 定义以某地点$Site_i$为起点的订单集合和以某地点$Site_i$为终点的订单集合，定义流出某点的订单集合。

$\forall$ i $\in$ SITE

$OrderOriginalSite_i$ = {$\forall$ o $\in$ ORDER ($idsite1Order_o$ = i ? o:0)} \0,

定义流入某点的订单集合：

$\forall$ i $\in$ SITE

$OrderDestinationSite_i$ = {$\forall$ o $\in$ ORDER ($idsite2Order_o$ = o? o:0)} \0,

定义全集上的逻辑约束：

$\forall$ i $\in$ SITE

$OrderOriginalSite_i = \bigcup_{r \in RouteOriginalSite_i} OrderRoute_r$,

$OrderDestinationSite_i = \bigcup_{r \in RouteDestinationSite_i} OrderRoute_r$,

定义流出某点的订单指针集合：

$\forall$ i $\in$ SITE

$RefOrderOriginalSite_i$={$\forall$r$\in$$RouteOriginalSite_i$\`$OrderRoute_r$\`}$\cup${\`$OrderOriginalSite_i$\`},

定义流入某点的订单指针集合：

$\forall$ i $\in$ SITE

$RefOrderDestinationSite_i$={$\forall$r$\in$$RouteDestinationSite_i$\`$OrderRoute_r$\`}$\cup${\`$OrderDestinationSite_i$\`},

要求指针集合中的订单相互独立：

$\forall$ i $\in$ SITE (

$\forall$ \`i\` $\neq$ \`j\` $\in$ $RefOrderOriginalSite_i$

$i \cap j = \varnothing$,

$\forall$ \`i\` $\neq$ \`j\` $\in$ $RefOrderDestinationSite_i$

$i \cap j = \varnothing$,

),

(8) 定义订单在多式联运中选择初始路段、中间路段和终止路段的约束，定义虚拟路段。

$\forall$ o $\in$ ORDER

$sinkOrder_o = -o$,

参 考 文 献

[1] 周刚．浅析发展多式联运[J]．物流科技，2007(2)：99-100．

[2] 孙家庆，程显胜．集装箱多式联运[M]．北京：中国人民大学出版社，2010．

[3] 刘雅丽．运输管理[M]．北京：电子工业出版社，2008．02．

[4] 张北平．中国国际集装箱多式联运面临的问题及对策[J]．交通企业管理．2008，23(1)：59-60．

[5] 朱晓宁．集装箱与多式联运[M]．北京：中国铁道出版社，2002．

[6] 王雅茹．浅论我国集装箱多式联运的发展[J]．江苏商论，2014(20)：17-18．

[7] 王子朴．“鸟巢”投融资模式及赛后运营财务分析[R]．中国体育科学学会体育产业分会．第四届全国体育产业学术会议文集[C]．2009．

[8] 许丽娟．物业服务供应链绩效评价研究[D]．武汉：武汉理工大学，2012．

[9] 杨晶．基于多元结构的旅游供应链协调机制研究[D]．厦门：厦门大学，2009．

[10] 鄢飞．物流服务供应链的协同机理研究[D]．西安：长安大学，2009．

[11] 屈莉莉，陈燕．以港口为核心的服务供应链协同管理机制 [M]．大连：东北财经大学出版社，2015．

[12] 汪锐．国际多式联运的运输组织形式[J]．大陆桥视野，2010(8)：59-61．

[13] Goldsmith S Y，Phillips LR，Spires S V．A multi-agent system for coordinating international shipping[J]．Agent Mediated Electronic Commerce，1999，91-104．

[14] Sinha-Ray P，Carter J，Field T，et al．Container World：Global agent-based modeling of the container transport business[J]．Proceedings 4th Workshop on

Agent-Based Simulation，2003.

[15] Dong J W，Li Y J. Agent-based design and organization of intermodal freight transportation systems[J]. International Conference on Machine Learning and Cybernetics，2003，4：2269-2274.

[16] Dullaert W，Neutens T，Berghe G G，et al. MammoeT：an intelligent agent-based communication support platform for multimodal transport. Expert Systems with Applications[J]，2009，36(7)：10280-10287.

[17] 杨清波．美国多式联运综述[J]．铁道货运，2004(5)：39-41.

[18] 武娜．对发展我国多式联运的建议[J]．环渤海经济瞭望．2003(10)：22-24.

[19] 高媛丽．东北地区集装箱多式联运通道发展分析[D]．大连：大连海事大学，2004.

[20] 周宁．发展我国多式联运业的思考[J]．广东农工商职业技术学院学报，2006(6)：24-27.

[21] 张熳．加快发展我国集装箱海铁联运的思考[J]．铁道货运，2008(9)：39-41.

[22] 苏顺虎．快速扩充铁路运输能力推动集装箱多式联运加快发展[J]．铁道运输与经济，2007(1)：1-3.

[23] 葛瑞，冯欲晓，郎茂祥．我国集装箱海铁联运存在的问题及对策研究[J]．物流科技，2007(5)：126-128.

[24] Bas G，Cees R，Loijgrok G. Intermodal hub networks-A case study in the fast moving consumer goods market[J]. Transportation Research Part E，2005，41：567-583.

[25] Hongk L，Wan K H. Modeling transfer and non-linear fare structure in multimodal network[J]. Transportation Research Part B，2003，37：149-170.

[26] Kozan E. Optimizing container transfers at multimodal terminals[J]. Mathematical and Computer Modelling，2000，31：235-243.

[27] Thomas G，Meifeng L A. Multimodal transportation simulation model for us

costal container ports[A]. TRB 2003 Annual Meeting: 2003[C], USA: 2003.

[28] Lozano A，Storchi G. Shortest viable path algoriths in multimodal networks[J]. Transportation Research Part A，2001，35：225-241.

[29] Chen A，Yang H，Tang W H A. Capacity related reliability for transportation networks[J]. Journal of Advanced Transportation，1999，33(2)：183-200.

[30] Arni H，Hesper A. Quality criteria for qualitative inquiries in lotistics[J]. European Journal of Operational Research，2003，144：321-332.

[31] 王淑云.第三方物流服务供应链研究[J].公路交通科技 2004，5：141-148.

[32] 盛刚. 国内集装箱过式联运发展对策研究[D]. 长春：吉林大学，2009.

[33] 付晓凤，马彬，张娟，王肇飞. 多目标一体化的运路径优化方法研究[J]. 铁道运输与经济，2009，31(9)：83-85.

[34] 王玲玲，李晓萍，覃运梅. 多式联运企业运输路径的选择优化[J]. 商场现代化，2008，553：18.

[35] 谢芳，张楠，纪寿文. 基于 AHP 的多式联运路径选择研究[J]. 物流技术，2006，29(7)：13-17.

[36] 陈香兰，李曦，龚育昌. 服务组合中一种服务组合路径优化方法研究[J]. 小型微型计算机系统 2008(9)：1569-1573.

[37] Baltacioglu T，Ada E，Kaplan M，et al. A new framework for service supply chains[J]. The service Industries Journal，2007(2)：105-124.

[38] Ellram L M，Tate W L，Billington C. Understanding and managing the service supply chain[J]. The journal of Supply Chain Management，2004：17-32.

[39] Peng L，Tong Z，Li Q. An Analysis of the Third Party Payment System Based on Service Supply Chain[Z]. Las Vegas，Nevada，USA：2009.

[40] Song D，Huang W，Xu Y. Performance evolution of professional service supply chain based upono EDA & AHP models[Z]. Beijing，China：2008.

[41] De Waart D，Kemper S. 5 Steps to Service Supply Chain Excellence[J]. Supply Chain Management Review，2004，8(1)：28-35.

[42] 马士华，林勇．供应链管理[M]．北京：机械工业出版社，2005.

[43] 金立印．服务供应链管理、顾客满意与企业绩效[J]．中国管理科学，2006(2)：100-106.

[44] 于亢亢．服务供应链的模型与构建[J]．现代商业，2007，21：156-158.

[45] 宋华，于亢亢．服务供应链的结构创新模式——一个案例研究[J]．商业经济与管理，2008(7)：5-12.

[46] 卓可明，慈宜鹏．服务供应链与产品供应链的比较研究[J]．商场现代化，2008(19)：151-152.

[47] 王振锋，王旭，邓蕾．基于 Shapley 值修正的服供应链系统利益分配研究[J]．计算机工程与应用，2011(26)：239-241.

[48] 杨哲，张大陆．服务供应链深度优先扩散构建算法[J]．计算机工程，2006(6)：11-13.

[49] 安德鲁•坎贝尔等．战略协同(第二版) [M]．北京：机械出版社，2000.

[50] 张浩．企业战略协同机制的优化：基于混沌理论与协同学的视角[M]．北京：经济科学出版社，2010.

[51] Tamer BOYACI，Guillermo GALLEGO．Supply chain coordination in a market with customer service competition[J]．Production and Operations Management，2004，13(1)：3-22.

[52] Anna NAGURNEY．Optimal supply chain network design and redesign at minimal total cost and with demand satisfaction[J]．International Journal of Production Economics，2010，128(1)：200-208.

[53] J．L．Moura BERODIA，L．DELL'OLIO，A．Lbeas PORTILLA．Planning supply transport in port works[J]．Proceedings of the ICE：Maritime Engineering，2007，160(2)：65-73.

[54] P．D．LEE．Port supply chains as social networks[C]．2006 IEEE International Conference on Service Operations and Logistics and Information，2006：1064-1069．

[55] Yang YAN，Zhou QIANG．Logistics and supply chain integration model of port in transportation networks[C]．Proceedings of the International Conference on Information Management，Innovation Management and Industrial Engineering，2008：402-406．

[56] T. M. SIMATUPANG，A. C. WRIGHT，R. SRIDHARAN．The knowledge of coordination for supply chain integration[J]．Business Process Management Journal，2002，8(3)：289-308．

[57] C. W. LEE，IW. G. KWON，D. SEVERANCE．Relationship between supply chain performance and degree of linkage among supplier，internal integration，and customer[J]．Supply Chain Management：An International Journal，2007，12(6)：444-452．

[58] I. GIANNOCCARO，P. PONTRANDOLFO．Supply chain coordination by revenue sharing contracts[J]．International Journal of Production Economics，2004，89(2)：131-139．

[59] P．TRKMAN，A．GROZNIK．Measurement of supply chain integration benefits[J]．Interdisciplinary Journal of Information，Knowledge and Management，2006(1)：37-45．

[60] J. HUISKONEN，T. PIRTTILä．Lateral coordination in a logistics outsourcing relationship[J]．International Journal of Production Economics，2002，78(2)：177-185．

[61] Haluk DEMIRKAN，Hsing kenneth CHENG．The risk and information sharing of application services supply chain[J]．European Journal of Operational Research，2008，187(3)：765-784．

[62] 付秋芳，赵淑雄，王文博．服务供应链协同运作模式研究[J]．嘉应学院学报，2010(10)：43-47．

[63] 王妮莎．中国航空物流企业服务链整合研究[J]．经营管理者，2012(18)：19-20．

[64] 李毅斌，董千里，孙浩杰．基于流程管理的物流服务供应链运作协同研究[J]．物流技术，2012(9)：180-183．

[65] 马翠华．基于能力合作的物流服务供应链协同机制研究[J]．中国流通经济，2009(2)：26-29．

[66] 孙朝苑，郭西蕊．服务供应链视角下企业协作的内涵与机理研究——以成都神钢为例[J]．管理案例研究与评论，2011(3)：25-32．

[67] 张辰彦．物流服务供应链协同问题探讨[J]．科技与管理，2007(5)：37-40．

[68] 鄢飞，董千里．物流服务供应链节点协同关系及生长演化机理分析[J]．北京交通大学学报(社会科学版)，2012(4)：64-70．

[69] 鄢飞，董千里，王莉萍．物流服务供应链协同运作机理分析[J]．统计与信息论坛，2009(9)：55-60．

[70] 王晓立，马士华．供应和需求不确定条件下物流服务供应链能力协调研究[J]．运筹与管理，2011(2)：48-53．

[71] 刘伟华，季建华，包兴等．物流服务供应链两级能力合作的协调研究[J]．武汉理工大学学报，2008(2)：157-161．

[72] 刘伟华，季建华，顾巧论．物流服务供应链两级合作的质量监控与协调[J]．工业工程与管理，2007(3)：51-56．

[73]鲁其辉．基于成本共担策略的服务供应链协调研究[J]．控制与决策，2011(11)：52-56．

[74] 曾亮．物流供应链协同运作分析[J]．交通科技与经济，2011(4)：73-75．

[75] 杨承梁．浅谈建筑供应链中的风险管理[J]．现代工业经济和信息．2012．(10)：29-32．

[76] Buhalis D，Law R．Progress in information technology and tourism management：20years on and 10 years after the Internet–The state of eTourism research[J]．Tourism Management，2008，29：609-623．

[77] Tsai C H，Chen Chengwu．The establishment of a rapid natural disaster risk assessment model for the tourism industry[J]．Tourism Management，2011，32：158-171．

[78] 马士华．供应链管理[M]．机械工业出版社．2010．

[79] 张智勇，赵俊，石永强．基于 SLC-SVM 的养老服务供应链服务质量风险识别[J]．系统科学学报．2015 (2)：98-101．

[80] 丁伟东，刘凯，贺国先．供应链风险研究[J]．中国安全科学学报，2003(4)：67-69．

[81] 王燕，刘永胜．供应链风险管理概述[J]．物流技术，2008(8)：138-141．

[82] 郭召海，韦小兵．物流服务供应链风险控制研究[J]．中小企业管理与科技(上旬刊)，2013(6)：39-40．

[83] Agarwal R，Ergun O．Shipping scheduling and network design for cargo routing in liner shipping[J]．Transportation Science，2008，42(2)：175-196．

[84] Shintani K，Imai A，Nishimura E，te al．The container shipping network design problem with empty container repositioning[J]．Transportation Research Part C，2007，43(1)：39-59．

[85] 王琳．不确定环境下的班轮企业资源管理研究[D]．天津：南开大学，2010．

[86] Sandra U N，Christian P，Toberto W C．An effective memtic algorithm for the cumulative capacitated vehicle routing problem[J]．Computers & Operations Research，2010，37(11)：1877-1885．

[87] Agostinbo A，Marielle C，Rosa F，et al．The robust vehicle routing problem with time windows[J]．Computers & Operations Research，2013，40(3)：856-866．

[88] 李广儒，杨大奔，任大伟．集卡动态凋度路径优化算法[J]．交通运输工程学报，2012，12(3)：86-91.

[89] Heaver T D．The Evolving Roles of Shipping Lines in International Logistics[J]．International Journal of Maritime Economics，2002，4(3)：210-230.

[90] 孙光圻，闵德权．港航合作的战略价值与策略模式[J]．中国港口，2000(7)：43-44.

[91] 周甫宾，曹蕾．港航合作模式的评述[J]．中国水运，2009，9(5)：53-54.

[92] Yevdokimov YV．Measuring economic benefits of intermodal transportation[J]．Transportation Law Journal，2000，27(3)：439-452.

[93] Handman AL．Intermodalism-a solution for congestion at the millennium[J]．Review of Policy Research，2002，19(2)：51-61.

[94] Szyliowicz J S．Decision-making，intermodal transportation，and sustainable mobility：towards a new paradigm[J]．International Social Science Journal，2003，55(2)：185-197.

[95] Janic M．Modelling the full costs of an intermodal and road freight transport network[J]．Transportation Research Part D，2007，12(1)：33-44.

[96] 魏际刚，荣朝和．中国集装箱多式联运发展的宏观经济闪紊分析[J]．中国软科学，2000(8)：39-44.

[97] 肖平安．我国国际集装箱多式联运之探讨[J]．交通企业管理，2006，21(8)：46-47.

[98] 郭琴．我国多式联运发展的若干思考[J]．物流工程管理，2010，32(4)：3-4.

[99] Amold P，Peeters D，Thomas L．Modelling a rail/road intermodal transportation system[J]．Transportation Research Part E，2004，40(3)：255-270.

[100] 汪涛，朱晓宁，马金元．三级网络结构的铁路集装箱一体化服务体系

设计[J]．物流技术，2009，28(10)：45-47．

[101] 洪雁．铁路集装箱运输系统规划若干问题研究[D]．北京：北京交通大学，2008．

[102] 张彬．多式联运供应链的协调与协同优化研究[D]．天津：南开大学，2013．

[103] Minahan T A．The supply Risk Benchmark Report[R]．Aberdeen Group．Boston MA．2005．

[104] 赵京海．基于小波支持向量机的多式联运风险分析[D]．大连：大连海事大学，2015

[105] 辛晓，王飞．企业供应链风险管理中的风险识别和控制[J]．中国市场．2012，32：64-65．